Chéri, tu m'écoutes ?

... alors, répète ce que je viens de dire...

NICOLE DE BURON

CHÉRI, TU M'ÉCOUTES ?
... alors, répète ce que je viens de dire...

© Plon, 1998.

ISBN : 2-266-08789-4

PREMIÈRE PARTIE

Il y a autant d'amours à tous les âges
que de coquillages sur la plage.

Chapitre I

Cœur d'artichaut

Dans l'amour... la rechute est fréquente.

(Proverbe espagnol.)

BIP-BIP ... BIP-BIP ...
... sonne le téléphone.

Vous êtes dans votre bain du matin. Mais comme vous savez que ce timbre aigu vous dérange aux moments les plus incommodes, vous avez soigneusement posé votre portable sur le coin de la baignoire. (Vous l'emportez même aux toilettes...)

— J'envie nos ancêtres qui vivaient sans cette saloperie piaillarde, dites-vous à votre chéri, Melchior de Gouttière, dit Petit Chat, dit Minou-Minou. Il est vrai qu'ils avaient des trompettes, des cloches, des tambours, des cornes de bélier. L'homme est un petit garçon qui a toujours aimé faire du bruit.

— Hon ! Hon ! répond Petit Chat.

Il s'en fout.

Perché sur le rebord de votre Jacob-Delafon, il s'efforce avec sa patte de pousser dans l'eau votre savonnette au jasmin. Vous ne la retrouverez jamais.

BIP-BIP ... BIP-BIP ... continue avec entêtement le téléphone.

Il va falloir que vous répondiez.

— A cette heure-ci, je te parie que c'est une erreur, soupirez-vous.

Heureusement, vous avez trouvé un jour dans un

magazine un choix de réponses qui vous mettent en joie.

Voix masculine : Allô, c'est toi Brigitte ? Ici, ton Georges.

Vous (accent antillais) : B'igitte est pâ'tie avec Missié F'ançois...

Ou :

Vous (voix chuchotante) : Ici, agent B 008. Message reçu.

Ou :

Vous (ton furieux) : Merde ! J'avais pourtant demandé qu'on ne me passe aucune communication au bloc opératoire.

Ou :

Vous (ravie) : Ah, Monsieur ! le ciel vous envoie : mon évier est bouché.

Hélas, aujourd'hui, ce n'est pas Georges qui appelle.

— C'est MOI ! crie dans l'appareil une voix juvénile que vous connaissez bien.

— Qui ça, TOI ? grognez-vous. Vous détestez que les gens, même les plus intimes, prennent pour acquis que vous allez les reconnaître à leur premier aboiement.

Mais l'heure n'est pas à l'espièglerie, pour Petite Chérie.

— Est-ce que je peux venir m'installer quelques jours à la maison ? demande-t-elle d'un ton haletant.

— Où ÇA ?

— Ben, dans mon ancienne chambre de jeune fille.

— Ah ! Parce que tu n'es plus une jeune fille ?

— Arrête tes plaisanteries. C'est oui ou c'est non ?

— Pourquoi ? Qu'est-ce qui se passe ? Ton studio est inondé ? Tu as été plastiquée par ton ex-amoureux corse ?

— C'est plus grave et assez compliqué. Je t'expliquerai.

— ... C'est-à-dire..., marmonnez-vous, qu'il y a un problème. J'ai arrangé ta chambrette en petit bureau pour ton père et il y dort.

— Hein ? Quoi ? Papa occupe ma piaule ?

Vous ne faites pas remarquer à votre fille cadette

adorée que ses parents se sont ruinés à lui acheter un petit studio de 30 m^2 et qu'elle n'a pas remis les pieds dans sa « chambre de jeune fille » depuis cinq ans.

— Et toi, tu dors où ?

— Dans la pièce sacrée conjugale.

Alizée pousse un long gémissement :

— Pourquoi ? Vous vous séparez ?

— Pas du tout ! Mais...

— Ma maman, je vous en prie, ne divorcez pas ! J'arrive !

Clac, elle raccroche.

— Bon. Une matinée paisible et travailleuse de foutue ! annoncez-vous à Petit Chat.

— Voilà ce que c'est de trop gâter ses filles, ironise Melchior en tapotant la mousse du bain avec sa queue.

— J'ai fait ce que j'ai pu, répondez-vous, vexée. Tu remarqueras que Petite Chérie m'a demandé la permission de venir au lieu de débarquer, bille en tête, avec ses affaires.

— Elle sait très bien que tu ne lui refuses jamais rien, susurre Petit Chat, une pointe de jalousie dans la voix (Je lui interdis, à lui, de voler dans mon assiette, pendant que je déjeune, les coquilles Saint-Jacques dont il raffole).

— Si je dis non, elle ira s'installer chez une copine et je ne la reverrai plus pendant des semaines, vous plaignez-vous.

Ronronnement de l'ascenseur qui s'arrête à votre étage. Au secours ! Déjà, le cyclone Petite Chérie ! Elle a dû vous téléphoner du taxi sur son portable. La peste soit de la technologie moderne ! Vous sortez précipitamment de la baignoire, telle une grosse baleine bleue, provoquant une énorme vague qui inonde le sol carrelé. Vous attrapez votre peignoir éponge. Pas assez vite. Alizée entre en ouragan dans la salle de bains (Elle a gardé la clé de votre appartement malgré vos réclamations. Fille Aînée aussi. Aucune ne vous a donné la clé de chez elle).

— Qu'est-ce que c'est que cette histoire ? Tu ne dors plus avec Papa ? Vous êtes fâchés ?

— Mais non ! Mais non ! Seulement...

Vous n'avez pas l'habitude de faire vos confidences conjugales à vos filles. Ni à personne. Votre non-éducation sexuelle par sœur Saint-Georges au couvent Sainte-Jeanne-d'Arc vous l'interdit.

Petite Chérie, elle, a été élevée par des professeurs, génération Mai 68. Elle insiste sans pudeur :

— Seulement quoi ?

Vous bredouillez que, quand un couple vieillit, chacun prend des manies qui agacent l'autre.

C'est ainsi que l'Homme ronfle de plus en plus fort : cela vous empêche de dormir (et les voisins du dessus également). Sans oublier que, comme il est très grand, ses pieds dépassent du lit, couverture débordée, et quand il les agite — ses pieds — un courant d'air froid remonte le long de vos fesses frileuses. Mais, pire, ronronne France-Culture. Votre époux est un auditeur fanatique de France-Culture (le seul ?) qu'il branche toute la nuit. C'est ainsi qu'il écoute des émissions incroyables sur la mythologie des Inuits, le développement du virus Ebola ou les secrets de la Cagoule. Vous avez bien essayé, l'entendant ronfler, de couper doucement la radio. Il se réveille immédiatement :

— Laisse, j'écoute, c'est passionnant... !

Par contre, il ne supporte plus que vous vous leviez, en catimini à 5 heures du matin, pour écrire. Motif : il ne se rendort pas (avec les années, son pauvre sommeil devient fragile, geint-il) et il reste bougon toute la matinée.

Bref, un jour, après une longue et sérieuse conversation d'épouse à époux, vous avez décidé de faire chambre à part. Mais cela ne vous empêche pas de... enfin de...

Comment expliquer ces détails intimes à votre héritière ? Devant votre gêne, vous entendez Petit Chat se marrer doucement derrière ses moustaches et sœur Saint-Georges prier la Sainte Vierge de vous garder chaste et pure dans vos propos.

— De toute façon, cela ne te regarde pas, dites-vous dignement à Petite Chérie.

— Si ! Je mourrais si vous divorciez ! crie-t-elle.

— Tu ne crois pas que tu en fais un peu trop ? Maintenant explique-moi pourquoi, à 25 ans, tu rentres chez ta mère...

— Je quitte Thomas.

Thomas est le copain intime d'Alizée depuis six mois (un record). Jeune informaticien au chômage, il vit de petits boulots.

— Et pourquoi ?

— Il est ennuyeux comme la pluie et il fait l'amour avec ses chaussettes.

— Quelle horreur, ma pauvre chérie !

— Arrête de te foutre de moi ! Le drame, c'est qu'il ne veut pas me quitter, ou plutôt quitter le studio. Il est accroché à mon lit comme une moule à un rocher. Et tous les soirs, il me raconte ses histoires de boulot qui m'emmerdent... qui m'emmerdent...

— Il faut t'habituer, ma biche. Tous les hommes, le soir, racontent leurs histoires de boulot. Et les femmes doivent les écouter avec un air aussi passionné que possible. C'est ça, leur job.

— Et puis (Petite Chérie prend un air embarrassé), il prétend que c'est lui que j'êêêêêême pour la vie et que mon coup de foudre pour Joao est une passade.

— Qui est Joao ? demandez-vous, un peu perdue.

— Un danseur brésilien, roucoule votre fille d'une voix brusquement énamourée. Il est grand. Il est beau. Il est gentil. Il me tapote la main pendant des heures quand je pleure à cause des scènes de l'autre con. Je suis folle de lui. De Joao, bien sûr.

Vous êtes habituée au cœur d'artichaut d'Alizée. Vous avez vu défiler dans sa vie toutes sortes de jeunes mâles, des plus BCBG conformistes aux rockers les plus extravagants. Vous restez donc impassible.

— Tu crois que Papa acceptera de parler à Thomas ? demande anxieusement Petite Chérie en poussant dans son ex-chambre une montagne de valises et de sacs en plastique mal ficelés. Un vrai déménagement gitan.

— Pour lui dire quoi ?

— De quitter votre studio.

— Ce n'est pas « notre » studio. C'est « ton » studio. Nous te l'avons donné. Je ne suis pas sûre que ton père aimera se mêler de tes histoires de cœur.

— Bah ! Après deux bisous dans le cou, il dira oui, assure Alizée avec le ton blasé d'une vieille courtisane.

L'Homme apprécia les deux bisous dans le cou mais déclara tout net qu'il n'irait pas prier le jeune Thomas de déguerpir de chez Petite Chérie. A 25 ans, il était temps qu'elle se débrouille toute seule. *Démerdassek*, comme aurait dit votre papa, le colonel.

Vous passez la journée du lendemain scotchée au téléphone, à la recherche d'une bonne âme susceptible de vous donner un conseil avisé pour récupérer le studio de Petite Chérie.

Fille Aînée vous suggère, elle aussi, de laisser sa sœur se dépatouiller comme une grande. « C'est son problème », assure-t-elle. « C'est son problème » est la phrase favorite de Justine. Lorsque vous lui dites d'une voix stressée : « Ton père n'arrive pas à s'arrêter de fumer », elle répond froidement : « C'est son problème. »

Votre copine Ida est d'avis de noyer le jeune Thomas dans son bain. Elle se propose même comme alibi : « Nous étions toutes les deux au cinéma, Monsieur le Juge. » Crime parfait.

La Ligue des Gonzesses vous recommande d'appeler la mairie pour qu'elle envoie une équipe de dératiseurs qui boucleront l'immeuble avec des gaz asphyxiants pendant quinze jours. Avec peut-être le jeune Thomas à l'intérieur.

Votre sœur Arielle ricane d'une voix pointue : « Cela t'apprendra à gâter ta fille qui n'est qu'une gosse de riche. Elle ne récupérera jamais son studio. Bien fait. »

La nuit venue, vous vous retrouvez, l'Homme et vous, dans le grand lit conjugal. Ce n'est pas désagréable du tout. Vous vous enroulez autour de lui.

— Arrête ! Je suis fatigué, j'ai mal à la tête, gémit l'Homme.

— Tu n'as pas honte de jouer à la Madame Récamier ? D'habitude ce sont les femmes qui se plaignent d'avoir la migraine.

Vos caresses se font plus précises. Votre grand bonhomme glousse et se décide à vous embrasser fougueusement. Vous chuchote :

— D'accord pour une petite partie de sexe mais tu ne ronfleras pas ensuite !

— Quoi ? vous écriez-vous, indignée, tu en as un de ces culots ! C'est toi qui vrombis si fort que les voisins du dessus se sont plaints à plusieurs reprises à la concierge. Et même au syndic de l'immeuble.

— Mais toi aussi tu ronfles.

— Faux.

— Bon. Cette nuit, je vais t'enregistrer sur mon magnétophone de poche et tu verras ! (changeant de ton) ... en attendant, j'adore tes bonnes petites fesses rondes...

Vous êtes en pleine extase quand un hurlement dans la cour de l'immeuble vous fait sursauter tous les deux.

— Au voleur ! Au voleur !

L'Homme se lève d'un bond, attrape dans le bas de la table de nuit son revolver (prise de guerre — non déclarée —) et fonce ouvrir la fenêtre. Vous suivez.

A une lucarne du bâtiment d'en face, hélas pas très éloigné, le locataire s'agite en criant et en désignant quelque chose du doigt.

— Là ! Là ! Y a un type qui grimpe sur votre façade...

Exact.

A quelques mètres de vous, dans la pénombre, accrochée à une gouttière, une silhouette noire (le Corse cagoulé ex-amoureux de Petite Chérie ?) grimpe vers la croisée ouverte de votre fille.

— Redescendez tout de suite ou je tire ! rugit l'Homme en brandissant son revolver.

— Non ! Non ! Papa ! Ne tire pas ! couine la petite voix angoissée d'Alizée. C'est... heu... un copain !

— Qu'est-ce qu'il fait là, à varapper sur la façade ?

— Ben... il vient me voir.

— Pourquoi ne prend-il pas l'ascenseur comme tout le monde ?

— ... pour ne pas déranger !

— Bravo ! C'est réussi.

D'un bond souple, la silhouette noire saute dans la chambre d'Alizée.

Silence.

— Il fait quoi, là ? s'inquiète votre époux.

— Il embrasse ta fille.

— C'est toujours l'informaticien au chômage ?

— Tu retardes de trois amoureux. Plutôt un Corse jaloux ou un danseur brésilien.

— Cela ne se passera pas comme ça chez moi ! s'indigne l'Homme. Je vais aller virer ce type vite fait.

— D'accord. Mais habille-toi d'abord.

Car vous êtes tous les deux nus comme des vers. Tenue peu convenable pour jouer les parents nobles. Vous enfilez vos robes de chambre et, en procession majestueuse, vous vous dirigez vers la chambre de votre cadette.

Le Père ouvre la porte d'un air farouche, a un petit sursaut de surprise.

Comme vous l'aviez prédit, le gentleman-grimpeur est en train de couvrir Alizée de baisers passionnés. Il se redresse.

Il est d'un beau noir d'ébène.

L'Homme n'est pas raciste, oh non ! Il a assez couru le monde dans sa folle jeunesse pour avoir des amis de toutes couleurs et de toutes cultures.

De là à donner sa Petite Chérie à un immense Brésilien, escaladeur de façades d'immeubles, il y a un grand pas . Du reste, honnêtement, vous n'êtes pas tellement enthousiaste non plus. L'idée que Petite Chérie puisse aller vivre si loin de vous, dans une famille inconnue, peut-être au cœur d'une *favela* sans eau ni électricité, vous brise le cœur.

Le Père retrouve ses esprits.

— Peux-tu me présenter ce monsieur ? demande-t-il d'un ton glacial à son héritière.

— Joao. Joao Vasquès. C'est un grand danseur brésilien.

Petite Chérie se tourne vers son nouvel adorateur et lui adresse des signes incompréhensibles auxquels le beau jeune homme (c'est vrai qu'il est magnifique avec sa haute taille, sa silhouette mince et musclée, des yeux verts et des dents très blanches brillant sur sa peau noire et lisse) répond par un discours non moins incompréhensible.

— Il parle quoi, là ? interroge l'Homme, un peu nerveux.

— Ben... portugais, répond avec hauteur Alizée. Le portugais est la langue du Brésil.

— Je sais, grommelle votre époux. Je ne suis pas complètement analphabète.

— Et tu parles portugais ? demandez-vous à votre tour, un peu surprise.

— Non.

— Alors comment vous comprenez-vous ?

— On ne se comprend pas, glousse Petite Chérie, c'est peut-être pour cela que ça marche si bien entre nous...

Elle s'arrête de rire devant vos mines consternées. Se tourne vers son amoureux et mime quelques gestes.

Le Brésilien approuve de la tête et...

... commence à se déshabiller jusqu'au caleçon.

— Qu'est-ce qu'il fait encore ? grogne l'Homme de plus en plus hargneux. Il se fout à poil ?

— Je ne sais pas. C'est un jeune homme plein d'imprévus, observez-vous.

Petite Chérie branche le *Boléro* de Ravel sur sa platine laser.

Joao s'élance dans un solo.

Vous restez saisie d'admiration. Ce garçon est un dieu de la danse. Il vous semble que votre mari partage votre enthousiasme. Quand la musique s'arrête, vous ne pouvez vous empêcher d'applaudir, imitée par l'Homme et votre cadette.

Le chéri d'Alizée sourit d'un air timide.

Il est vraiment « craquant ».

— Et maintenant, la Fête ! crie votre fille qui enclenche cette fois une salsa endiablée. Joao l'enlace. Votre mari, après un instant d'hésitation, en fait autant avec vous. Tcha-tcha, tcha-tcha-tcha, tcha-tcha, tcha-tcha-tcha... Vous êtes folle de joie. Vous retrouvez vos vingt ans où vous étiez une des meilleures danseuses du Tabou à Saint-Germain-des-Prés. Ce que, fascinés, vos petits-enfants n'arrivent pas à croire : « Raconte encore, Mamie, quand tu étais jeune et mince et que tu sautais par-dessus l'épaule de ton cavalier. »

Bref, vous vous éclatez.

Jusqu'à ce qu'une voix furieuse vous parvienne de l'immeuble d'en face.

— C'est bientôt fini, oui, ce potin ?

Vous arrêtez danse et musique.

— Excusez-nous, Monsieur Martin, crie l'Homme, une petite fête impromptue...

— Je travaille, moi, demain ! beugle Monsieur Martin toujours à la lucarne (de ses toilettes ?).

— Moi aussi, pauvre connard ! braille votre Seigneur et Maître à qui la moutarde monte au nez.

Vous vous précipitez pour refermer la fenêtre avant qu'une bagarre n'éclate entre le voisin et votre époux. De toute façon, vous êtes bonne pour que le sieur Martin vous fasse la gueule pendant six mois en vous croisant chez l'épicier arabe.

— Allez, maintenant, on dort, commande l'Homme.

Et il quitte dignement la pièce avec un grand geste de la main. Vous suivez après avoir envoyé du bout des doigts un bisou aux amoureux.

Une fois recouchés dans le lit conjugal, vous remarquez, un peu moqueuse :

— Finalement, tu ne l'as pas viré vite fait, le Brésilien de Petite Chérie...

Votre époux feint de n'avoir pas entendu et marmonne d'une voix ensommeillée :

— Il ne me plaît pas, ce type !

— Pourquoi ?

— Il est plus grand que moi !

Vous auriez dû vous en douter. L'Homme, qui mesure 1,92 mètre et en est très fier, déteste tous les mâles le dépassant d'un millimètre. Cela ne l'empêche pas de s'endormir et de se mettre à ronfler comme une locomotive essoufflée, après avoir naturellement branché France-Culture (« *Les relations du Un et du Multiple chez Pythagore* »). Bon. Une nuit blanche à l'horizon.

Les idées les plus folles commencent à défiler dans votre tête. Et si Petite Chérie, avec son caractère impétueux, épousait vraiment Joao ?

— Mais non ! chuchote dans votre oreille Melchior qui a quitté son panier où il était réfugié pour prendre sa place de nuit : roulé en boule dans votre cou. Tu sais bien qu'elle a juré dix fois, cent fois, qu'elle ne se marierait jamais et qu'elle n'aurait jamais de bébé. Ce qu'elle veut, c'est « être Picasso ».

— Picasso avait plein d'enfants, cela ne l'a pas empêché de peindre.

— Il avait aussi plein de femmes pour s'occuper de ses mômes. Ce ne sont pas les biberons et les couches qui lui bouffaient la vie.

— Tu sais, Petit Chat, les filles changent souvent d'avis, et parfois très brutalement, quand passe un bel amoureux.

La perspective de vivre séparée de Petite Chérie par des milliers de kilomètres vous donne à nouveau le frisson.

— Tu iras t'installer au Brésil, voilà tout, ronronne Melchior.

— Tu es fou ! Quitter mon mari, Fille Aînée, mes trois petits-enfants : impossible !

— Eh bien, on émigrera tous là-bas. La petite chatte siamoise du sixième m'a dit que c'était un pays magnifique. Ses maîtres y vont souvent. Il paraît qu'il y a de très grosses souris et plein d'animaux marrants.

Vous commencez à rêver. Peut-être pourriez-vous dans ces terres lointaines réaliser votre rêve d'adolescente ? Une immense *fazenda*, avec une très belle mai-

son et un patio recouvert d'*azulejos*, 30 000 hectares de
terre, 30 000 têtes de bétail, 50 *vaqueros* que vous
conduiriez au galop de votre petit cheval noir. Vous
n'étiez pas faite pour cette vie casanière française,
mais pour être Scarlett O'Hara dans son domaine de
Tara, Calamity Jane, une pionnière du Far West ou des
espaces infinis latino-américains, la convoyeuse,
comme John Wayne, d'un grandiose troupeau de
vaches zébus.

Quand vous vous endormez vous êtes en train de
piloter votre petit avion Cessna qui vous emmène à Rio
faire vos courses et prendre un bain sur la plage de
Copacabana.

— Vive le Brésil ! souffle Petit Chat en plongeant
dans le sommeil à son tour.

Quelques jours plus tard.
8 heures et demie du matin.
Vous vous battez avec votre ordinateur.
Hé oui, vous avez fini par craquer sous la pression
de l'Homme, indigné de vous voir taper vos textes sur
votre éternelle petite machine à écrire mécanique
rouge Olivetti 1930, votre Valentine adorée.

Il vous a offert une merveille — paraît-il — de la
technologie moderne avec imprimante incorporée ou
quelque chose comme cela. Et menacé de bouder pendant trois mois si vous n'appreniez pas à vous en servir.

— Toutes mes secrétaires se débrouillent très bien.
Il n'y a pas de raison que tu sois plus bête qu'elles.

Devant votre désarroi, il s'est laissé attendrir et vous
a payé des leçons particulières. Une charmante dame
est venue chez vous et vous a expliqué la marche à
suivre.

Vous n'avez rien compris.

En particulier, pourquoi une flèche qui se promène
sur l'écran s'appelle la « souris ». Pourquoi pas tout
simplement la « flèche » ? Vous détestez cette « souris ».
Lorsque vous appuyez un peu brutalement sur un certain bouton violet, ffffttt..., la flèche traverse l'écran à

la vitesse d'un avion de combat... et disparaît. La première fois, vous étiez si épatée que vous avez regardé si
elle n'avait pas sauté par terre, à gauche. Vous avez
rappuyé sur le bouton violet. Ffffftttt... l'avion de
combat a retraversé l'écran dans l'autre sens et a disparu à droite.

Même la dame qui vous a donné vos leçons a été
incapable de trouver le bouton de double interligne.
Sur grand-mère Valentine, il y a un petit levier avec
écrit : « 1... 2... 3... ». Simple, non ? Sur votre merveille
de la technologie moderne, rien. Or, il est écrit en
toutes lettres dans le contrat avec votre nouvel éditeur
que votre manuscrit doit être « dactylographié à
double interligne à raison de 1 500 signes par page »...
(C'est du sadisme pur et simple pour des auteurs
comme vous, élevés avec une Underwood néandertha-
lienne.) Vous n'y arriverez jamais.

La seule chose qui vous console, c'est que l'Homme,
toujours à la pointe du modernisme, est aux prises
avec une machine qui *marche à la voix*. Parfaitement.
Ça existe. L'Homme dicte. La Canon tape. Malheureusement, l'Homme a attrapé un rhume. La machine ne
reconnaît pas sa voix et refuse de travailler ou écrit
n'importe quoi. Rien ne vaut une bonne secrétaire
humaine avec deux bras, deux mains, une tête frisée,
deux grands yeux bleus, deux petites oreilles avec des
anneaux d'or, une plume Sergent-Major et un cahier à
carreaux.

DRIIIIIING !...
Sonnerie de l'entrée, cette fois.
Melchior saute de votre bureau où il déchirait avec
volupté quelques-uns de vos papiers en désordre. Et va
se poster devant la porte dans l'espoir, quand vous l'ou-
vrirez, de filer dans l'escalier jusqu'au sixième étage,
poursuivi — à sa grande joie — par la concierge au chignon défait, le facteur des recommandés essoufflé, ou
vous-même dans votre vieille robe de chambre râpée,
vos charentaises percées, vos chaussettes sur les che-
villes.

— Ne t'énerve pas, c'est la concierge qui apporte un livre, lui prédisez-vous.

— Non. Madame Rastout sonne deux coups, comme la famille.

— Alors, peut-être un coursier avec un bouquet de fleurs ? rêvez-vous.

Malheureusement pas.

Vous avez devant vous le dénommé Thomas, avant-dernier amoureux de Petite Chérie, qui campe toujours chez elle.

Votre premier mouvement est de refermer la porte. Mais il glisse la main dans l'entrebâillement et vous hésitez à la lui écraser.

— Madame ! Il faut que je vous parle ! implore-t-il d'une voix accablée.

— Pas à cette heure-ci : je travaille ! répondez-vous sévèrement.

Il éclate en sanglots.

— Je n'en peux plus ! Je vais me suicider.

Allons bon ! Vous tergiversez quelques secondes, mais si ce fou disait vrai et s'ouvrait les veines sur votre paillasson ? Quel scandale ! C'est pour le coup que vous perdriez du temps...

Vous faites donc entrer le désespéré dans votre salon où il s'effondre dans le fauteuil de l'Homme. Vous vous asseyez sur le canapé en face avec Petit Chat enchanté. (« A la maison, c'est mieux qu'au théâtre ! »).

Silence.

Le dénommé Thomas renifle bruyamment.

Vous vous levez et allez à la cuisine chercher un torchon (propre). Le candidat au suicide enfouit sa figure dedans et se mouche avec un bruit d'enfer.

— Je suis fou d'Alizée, marmonne-t-il dans votre torchon. C'est la femme de ma vie. Je me flinguerai si elle me quitte !

— Du calme ! Du calme ! Ça va s'arranger...

Vous n'en croyez pas un mot. Vous ne croyez pas non plus qu'il va se suicider. On vous a fait le coup, à vous aussi, quand vous aviez vingt ans. Non seulement votre amoureux ne s'est pas jeté du haut de la tour

Eiffel, comme il vous en avait menacée, mais deux mois après votre rupture, il épousait une petite pétasse d'hôtesse de l'air. Il paraît que le ménage n'a pas marché. Bien fait. Vous vous en réjouissez encore quarante ans plus tard.

Le jeune Thomas continue ses lamentations.

— Elle m'avait promis de m'aimer toujours ! Elle me l'a même écrit. Avec son sang !!!

Oh ! là ! là ! Ils ont dix ans d'âge mental, ces deux-là !

— Vous savez, l'amour est chose fragile, remarquez-vous pompeusement.

BIP-BIP ... BIP-BIP...

Vous vous levez pour aller dans votre bureau à la chasse de votre téléphone que vous retrouvez sous un fouillis de papiers.

— Allô ? J'ai une grande nouvelle à t'annoncer, claironne la voix joyeuse de Petite Chérie.

Vous vous méfiez. Encore un pépin ?

— Moi aussi. Ton Thomas est là, chuchotez-vous.

— Qui ?

— Tho-mas ! Tu ne te rappelles pas ? Tu lui as écrit, *avec ton sang*, que tu l'aimerais toujours !

— Qu'est-ce qu'il fout à la maison ?

— Il pleure.

— Il fait chier ! dit élégamment votre fille.

— Ne parle pas si vulgairement. En attendant, c'est moi qui l'ai sur les bras. Il veut se suicider si tu le quittes.

— Eh bien qu'il le fasse !

Ah, que le cœur des demoiselles est sec quand elles n'aiment plus !

— C'est très important d'apprendre à rompre en amis, observez-vous d'un ton sermonneur.

Mais Alizée fait fi, comme d'habitude, de vos sages conseils maternels.

— Écoute plutôt ma nouvelle : les parents de Joao veulent te voir ainsi que Papa.

— Hein ?

— Ouais ! Ils sont venus deux jours à Paris, de

Bahia où ils habitent, voir le spectacle de leur fils. Et ils vous invitent à boire un verre ce soir au Crillon.

— Où ça ?

— A l'hôtel Crillon où ils ont une suite.

— Parce qu'ils sont milliardaires ?

— Je ne sais pas et je m'en fous.

— Tu ne comptes quand même pas épouser Joao ?

— Tu sais bien que je ne veux pas me marier. Mais lui, il me l'a déjà proposé dix-sept fois.

— C'est insensé ! Vous vous connaissez depuis combien de temps ?

— ... Huit, dix jours, répond Petite Chérie, un peu gênée.

— Est-ce que tu crois vraiment qu'en huit, dix jours, on peut décider d'aimer un homme pour la vie alors que vous ne parlez même pas la même langue, que vous n'avez pas la même culture, ni peut-être la même éducation ?

C'est la sagesse même qui parle par votre bouche, non ?

— Qui te parle de s'aimer pour la vie ? interroge paisiblement votre cadette.

Cette remarque vous coupe le souffle. Au moment où vous allez vous lancer dans une homélie digne de saint Jean Chrysostome, vous entendez le dénommé Thomas s'agiter dans la pièce à côté.

— On en reparle cet après-midi, soufflez-vous précipitamment à votre fille, et, d'ici là, tâche de mettre un peu de plomb dans ta cervelle de pinson.

Vous retrouvez l'ex-amoureux de Petite Chérie en train de marcher de long en large dans votre salon, comme un ours furieux. La rage a remplacé les larmes.

— Il faut absolument que je parle avec Alizée, clame-t-il, les yeux brûlants de colère. Ou je fais un malheur !

Le comble ! Maintenant c'est votre fille adorée qu'il veut tuer. Affreux petit bonhomme ! Vous auriez dû lui écraser la main tout à l'heure.

— Vous ne retrouverez pas ainsi le chemin de son

cœur, observez-vous (Allons bon, vous ne parlez plus comme saint Jean Chrysostome mais comme une héroïne de roman de gare !).

Mais ça marche. Le jeune Thomas change de ton.

— Je vous en supplie : obtenez-moi un rendez-vous avec elle.

— Je veux bien essayer si vous me promettez de ne pas perdre votre sang-froid.

— Je vous le jure ! Merci ! Merci !

Et voilà que ce dingue se jette à vos genoux et vous les embrasse frénétiquement. Vous avez un mal de chien à vous dégager des bras tentaculaires du fan de Petite Chérie, et à le pousser dehors dans l'escalier. Un malade, ce type !

— Quel carnaval ! s'exclame Petit Chat.

— C'est ça, le grand-t-amour.

— Chez nous, les chats, on ne fait pas tant d'histoires, soupire Monsieur Melchior de Gouttière. Enfin, en ce qui me concerne...

Vous ne répondez rien. Vous savez que votre matou bien-aimé vous reproche discrètement de l'avoir fait castrer pour éviter qu'il se sauve avec la petite chatte siamoise du sixième. Vous vous sentez parfois coupable de l'avoir privé des délices de la volupté.

L'Homme, prévenu au téléphone sur sa ligne directe, commence par râler.

— Il n'est pas question de prendre un verre avec les parents du type avec lequel notre fille baise en ce moment ! Avec son tempérament de coureuse de braguettes, nous n'aurons plus une minute à nous.

— Arrête de dire des horreurs ! Alizée n'est pas une coureuse de braguettes. Elle a une sensualité... heu... chaleureuse. Et moi, ça m'amuse de connaître ces Brésiliens.

— Je n'ai pas la fortune pour entrer au Crillon.

— Mais c'est eux qui nous invitent !

En fait, votre époux est aussi curieux que vous. Il finit par accepter de vous accompagner :

— Simplement, je te préviens : non à toute idée de mariage !

Vous entrez au bar du Crillon, intimidée — malgré la présence de votre grand mari — et en retard. Vous avez passé l'après-midi à essayer devant votre glace toutes vos tenues — Trop habillée (il ne s'agit pas d'un souper chez Maxim's)... Pas assez élégante (c'est quand même le Crillon)... Trop décolletée (vous n'avez plus vingt ans)... Trop sage (vous n'avez pas encore cent ans)... Trop vieille (cachemire bouloché)... Trop collante (souligne votre petit bidon bedonnant)... Etc. — tout en discutant violemment avec Petite Chérie. Très mécontente de n'être pas invitée avec son adorateur à la réunion des parents.

— C'est quand même de notre avenir qu'il s'agit.

— Mais puisque tu ne veux pas te marier !

— Peut-être. Mais j'irais bien vivre un an au Brésil avec Joao.

Au secours !

Dans le fond de votre cœur, vous n'appréciez pas tellement les mœurs amoureuses de votre fille cadette. Sans être une nymphomane ou une coureuse de braguettes comme l'en accuse méchamment son cher papa, elle a tendance, vous devez le reconnaître, à sauter d'une amourette à l'autre sans le moindre remords. Vous la soupçonnez même (Honte ! Honte ! piaillerait sœur Saint-Georges) d'en mener plusieurs de front. Vous, vous avez été élevée avec l'idéal d'arriver vierge au mariage, et de rester fidèle à votre époux jusqu'à la mort. Quand vous faites part de ce programme à Petite Chérie, elle se tord de rire. Vous ne lui avouez pas que vous avez été cependant plusieurs fois follement amoureuse — en tout bien tout honneur —, en particulier d'un jeune et très beau boulanger de Malmö qui vous appelait *Lilla Gröda* (petite grenouille), et que vous aviez commencé à apprendre le suédois (enfin, surtout les mots essentiels : « *Jag älskar dig !* » — « Je t'aime ! » —).

Au bar du Crillon vous apercevez immédiatement les parents de Joao, tous les deux minces et du plus beau noir. Sa mère est follement élégante (ensemble fuchsia de Lacroix, sac « Lady Dior », panthère en diamants de Cartier au revers de sa veste. Vous vous maudissez d'avoir oublié d'orner votre propre veste du ruban du Mérite agricole, et le poitrail gauche de l'Homme de toutes ses décorations guerrières).

Vous vous présentez et vous excusez de votre retard. Curieusement, vous êtes accueillis, votre époux et vous, assez froidement. Madame Vasquès parle admirablement le français. Vous l'en félicitez.

— J'ai fait mes études dans un collège français en Suisse. Mon mari parle plutôt l'anglais... les affaires.

Petit bla-bla mondain. Champagne : délicieux. Paris : toujours si beau. La mode : fascinante cette année. Le théâtre : quelles bonnes pièces faut-il voir ?

Brusquement, silence.

Attention !

On va passer aux choses sérieuses. Aux abris !

Madame Vasquès reprend son discours volubile. Mais, cette fois, c'est de son fils et de Petite Chérie qu'il s'agit. De charmants enfants qui s'aiment. Mais des enfants ! Alizée, surtout. Adorable, ravissante, Joao en est malade d'amour. Il veut l'épouser...

— ... une folie, n'est-ce pas ?

Vous approuvez de la tête. L'Homme reste impassible.

De toute façon, pas question d'arrêter le torrent de paroles de la mère de l'amoureux de Petite Chérie. Mais l'important est dit. Les Brésiliens ne vont pas vous enlever votre fille adorée. Il vous semble qu'à côté de vous, votre époux pousse un imperceptible soupir de soulagement.

Madame Vasquès continue son discours de plus belle. Oui. Ce mariage est impossible. Parce que Alizée, malgré toutes ses qualités admirables, a un petit défaut.

Hein ? Quoi ? Votre Petite Chérie, un petit défaut ? C'est trop fort !

Oui.

Elle est blanche.

Du coup, l'Homme qui allait avaler une gorgée de champagne s'étrangle.

— Elle est... quoi ?

— Elle est blanche !

Et vlan, dans la gueule !

— Vous comprenez, explique Madame Vasquès (Monsieur Vasquès reste silencieux mais une lueur goguenarde brille dans ses petits yeux rusés), nous sommes des descendants d'esclaves africains du Mozambique. Nous en sommes très fiers, et nous nous marions entre nous. Nous savons que le Brésil s'enorgueillit d'être le pays du métissage, mais nous sommes quelques-uns à ne pas suivre cette voie.

— Mais, alors, vous êtes raciste ? bégaie votre mari.

— Chacun son tour, vous ne croyez pas ? rétorque Madame Vasquès avec un radieux sourire.

L'Homme se lève. En brave petite épouse, vous l'imitez.

— Je crois que nous n'avons plus rien à nous dire, chère Madame, dit-il en s'inclinant devant la belle Brésilienne.

Monsieur Vasquès qui n'avait pas ouvert la bouche demande alors d'une grosse voix :

— Pardon pour question indiscrète, mais combien était la « *dowry* » de votre fille ?

— *Dowry* ? interroge l'Homme, surpris.

— La dot ! soufflez-vous.

— Ma fille n'a pas de « *dowry* ». Nous ne sommes que de pauvres petits Blancs, répond froidement votre époux.

Et vous tournez les talons le plus dignement possible.

En remontant dans votre voiture (qui n'est pas une Roll's, hélas !) l'Homme explose.

— Quels salauds prétentiards !

— Pendant des années on les a traités comme ça,

remarquez-vous doucement, et le Ku Klux Klan existe toujours aux USA.

Mais votre Seigneur et Maître ne vous écoute pas.

— Quand je pense que j'ai laissé leur fils dormir dans le lit de ma petite beauté blanche, je ne me consolerai jamais. Tiens, en rentrant, je vais lui casser sa jolie gueule noire à celui-là !

— Je te l'interdis !

Un vieux souvenir remonte à la surface de votre mémoire.

— ... le Christ a dit : « Quand on te frappe sur la joue droite, tends la joue gauche. »

— Ça va pas, non ! Tu deviens bigote avec l'âge ? De toute façon, il y a des trucs dans l'Évangile qui sont à côté de la plaque. Je vois la tête de mes syndicalistes si je leur disais que l'employé de la onzième heure va gagner autant que les autres. J'aurais une grève sur les bras immédiatement.

Tout en discutant théologie, vous arrivez chez vous. Où des cris et des sanglots vous accueillent. Vous vous précipitez. C'est Petite Chérie, échevelée, en larmes, dans son lit. Elle hurle :

— Joao m'a quittée. Il rentre au Brésil avec ses parents. Il me laisse tomber. Après juste un coup de fil : « Tu resteras toujours la première dans mon cœur »... Rien à foutre de rester la première dans son cœur !... Le lâche ! Il a peur de sa Maman ! L'enfoiré ! Le minable ! Le fils de pute ! Je ne croirai plus jamais un homme ! Tous des salauds !

— Tu as raison. Tous des salauds ! approuvez-vous en faisant signe à votre mari de s'esquiver.

Vous remontez tendrement le drap de la malheureuse abandonnée. Vous fermez les rideaux. Vous embrassez votre pinson trahi.

— Et maintenant, dors !

Petite Chérie resta trois jours dans les bras de Morphée. De temps en temps, elle se réveillait, pleurnichait, vous demandait des sous pour sauter dans l'avion de Bahia et aller découper avec son grand cou-

teau suisse les oreilles du chien galeux qui l'avait plaquée.

Autre problème. Le jeune Thomas, prévenu du départ
du Brésilien (par qui ? La concierge ? Melchior ? Ce
dernier nia avec une belle indignation : « Tu sais bien
que je ne parle qu'à toi. De plus, cet affreux garçon ne
regarde jamais où il met ses gros godillots et m'écrase
les pattes ! »), le jeune Thomas, donc, exerça une terrible
pression sur vous. Dès que vous sortiez de votre appartement, vous le trouviez assis en lotus sur votre paillasson, pas rasé, pas coiffé, la mine abattue, vous adjurant
de le laisser voir votre fille. Rien qu'une minute. Le
temps de lui embrasser les genoux (C'était une manie
chez ce type !) et de lui jurer son amour éternel.

— Elle ressuscitera ! répétait-il avec obstination.

Vous ricaniez et vous filiez au marché. Il vous sui-
vait, se lamentant sur sa passion foulée aux pieds. Toujours reniflant dans un de vos torchons, il portait vos
paniers surchargés de tomates, d'oranges, de yaourts
aux fruits, et la tonne de produits indispensables pour
rassasier une tribu perpétuellement affamée. Ce qui
soulageait bien votre arthrose de l'épaule droite.

— A-t-elle au moins demandé de mes nouvelles ?
interrogeait-il anxieusement.

— Non, répondiez-vous froidement en tâtant des
poires à la fureur du marchand, et elle n'en demandera
pas tant que vous resterez installé chez elle.

Mais le jeune Thomas était un têtu. Il baissait la tête,
serrait les lèvres, et gardait le silence.

Au bout du troisième jour vous ouvrez les rideaux de
la chambre d'Alizée, vous lui tendez une aspirine vita-
minée et un verre d'eau.

— Allez ! Avale ça et lève-toi. Ton bel amour enfui ne
vaut pas plus que trois jours de désespoir.

— Tu es folle ! Je souffre à en crever !

— Tu ne vas pas rester toute ta vie à pleurnicher
parce qu'un danseur brésilien t'a laissée tomber
comme une vieille chaussette ! Un peu d'orgueil, ma
fille !

— Tu ne sais pas ce que c'est qu'un drame de la passion ! Tu ne comprends rien à l'amour ! barrit furieusement Petite Chérie. Tu n'as jamais aimé que Papa et basta !

Une fois de plus, vous vous retenez de révéler que vous avez failli devenir une bonne grosse boulangère suédoise, la femme — puis la veuve — d'un torero espagnol, l'épouse d'un homme d'affaires très riche, très ennuyeux et actuellement en prison comme tant d'hommes d'affaires, la compagne d'un politicien également en prison, la 123ᵉ concubine d'un prince arabe, etc. Les filles n'aiment pas imaginer que leurs mères ont eu, elles aussi, des petits cœurs d'artichaut.

BIP-BIP... BIP-BIP ...

— C'est ton téléphone ? demandez-vous à Alizée.

— Non, c'est le tien.

Allons bon ! Où est-il encore, celui-là ? Vous courez dans votre bureau. Il n'y est pas. Vous galopez dans votre chambre. Il n'y est pas. Vous vous énervez. La sonnerie va s'arrêter et vous ne saurez jamais qui vous appelait. Peut-être était-ce important ? Et si vous aviez gagné au Loto (sans avoir pris de billet) ? Ah ! cette cochonnerie d'appareil doit se trouver dans votre sac. Mais où se cache votre sac ? Sous une pile de magazines sur le canapé du salon ! Que fait-il là ? Mystère. Et votre Itineris ? Sûrement planqué dans le désordre de votre fourre-tout en faux croco comme une ablette dans les roseaux de la rivière. Vous finissez par le retourner (votre fourre-tout en faux croco) par terre. Un monceau d'objets insensés s'éparpille sur la moquette, et, ouf, dans le tas, vous attrapez votre petite merveille de la technologie moderne. Juste à temps.

Une voix mâle, jeune et gaie, demande Alizée. De la part de Gilles. Il s'excuse de vous déranger (Inouï, un garçon poli !) mais il est inquiet. Il a téléphoné chez votre fille où un fou l'a insulté puis assuré que Petite Chérie n'habitait plus à cette adresse. Qu'elle était à l'hôpital avec la lèpre attrapée avec un Africain de la région des Grands Lacs.

Vous lui passez votre cadette.

Une heure plus tard, quand vous sortez acheter du pain frais, Petite Chérie babille toujours d'une voix joyeuse dans le téléphone.

Sauvée !

Il ne reste plus qu'à récupérer le studio.

Vous vous y introduisez en l'absence du squatter que vous avez surveillé du café d'en face. Vous faites venir tout bêtement un SOS Serrurier qui change les clefs. Pendant ce temps Petite Chérie enfouit les affaires du jeune Thomas dans un grand sac poubelle qu'elle balance sur le palier.

Affaire classée.

Jusqu'à la suivante.

Chapitre II

Fugue à Las Vegas

> *Vieilles amours et vieux tisons*
> *s'allument en toutes saisons.*
>
> (Avertissement du sieur Bruscambille, 1615.)

Fille Aînée donna l'alerte la première. Elle passa même vous prévenir après avoir conduit son dernier fils à l'école.

— Lilibelle a disparu ! vous annonça-t-elle d'un ton dramatique.

Lilibelle est votre belle-mère, la mère de l'Homme. Une vieille dame de 75 ans. En paraissant 65. Élégante, brushée, parfumée, liftée (vous n'avez jamais osé lui demander combien de fois). Consacrant plusieurs heures par jour à ses soins de beauté (et que je te crème la figure avec une émulsion hydratante hyperpuissante qui laisse la peau douce comme la soie... Et que je te crème les mains avec un lait réparateur anti-âge... Et que je te crème le cou avec des nanocapsules [?] revitalisantes et protectrices des agressions du temps qui passe..., etc.). Courant chez la manucure, le pédicure, le coiffeur, les boutiques de soldes, celles revendant des dégriffés, etc.

Bref, une Barbie pimpante.

Las ! elle ne vous apprécie pas à votre juste valeur ! Vous reproche votre manque de coquetterie. Et d'avoir un jour oublié dans votre congélateur des esquimaux glacés japonais d'une crème régénérante hyperactive céramidée (?) qu'elle vous avait offerts d'un air chafouin :

— Cela rajeunira de dix ans votre peau qui commence à se riduler.

Héroïquement, vous ne l'avez pas étranglée.

Quand vous vous êtes mariée et que vos filles sont nées, puis vos petits-enfants, elle refusa d'être appelée « Mère », « Grand-Mère », « Mamie », « Mamie Alix », « Bonne-Maman », etc. Ce serait Lilibelle ou pas de cadeau à Noël.

Lorsque ses 70 ans et les rhumatismes la rattrapèrent, un drame éclata entre l'Homme et vous. Il suggéra que sa mère vienne habiter chez vous. Vous vous y opposâtes avec la dernière énergie.

— Ta maman chérie est une emmerdeuse. Elle va me déranger en plein travail afin de me montrer d'urgence un gel non collant pour peaux stressées, me poursuivre dans tout l'appartement avec un shampooing japonais super activant le gonflage des cheveux plats, me traîner chez son coiffeur pour qu'il me teigne des mèches en violet ou en rose, — follement à la mode, paraît-il, cette année. Non et non !

— Mais qu'est-ce qu'on va en faire ?

— Lui louer deux pièces dans une belle résidence pour gens âgés, où elle aura ses meubles, un restaurant à sa disposition, et une infirmière sur place en cas de pépin.

Lilibelle qui, veuve, s'embêtait chez elle, fut ravie de cette proposition. S'installa *Aux Clématites sauvages*, pas très loin de chez vous avec parc et club de bridge (une autre de ses passions), mais continua sa ronde frénétique pour ravaler des ans l'irréparable outrage.

— Comment sais-tu qu'elle a disparu ? demandez-vous à Fille Aînée.

— Je suis passée chez elle pour l'inviter à m'accompagner à un défilé de mode. Tu sais qu'elle en raffole. Le directeur de la résidence m'a dit d'un air bizarre qu'elle s'était absentée pour un voyage de quelques jours.

Mauvaise langue, vous ne pouvez vous empêcher d'insinuer :

— Dis plutôt qu'elle est entrée en clinique pour un n-ième lifting.

— Tu as raison. Inutile de se faire du souci.

Le soir, vous croyez de votre devoir d'avertir votre mari.

— J'ai l'impression que ta folle de mère s'est encore fait charcuter.

— Curieux, remarque-t-il en bâillant, d'habitude, elle me prévient en douce, et elle refait son testament.

— Le directeur de la résidence croit, lui, qu'elle est partie en voyage.

— En voyage !!!... Et pour aller où ?

— D'après la femme de chambre chargée d'écouter aux portes, en Amérique !

— En Amérique !!! Ils sont fous *Aux Clématites sauvages* !!! Pourquoi pas dans la lune ou sur la station MIR ?

— Sait-on jamais avec les vieilles dames ? Ma grand-mère basque a bien pris le train jusqu'à 100 ans sans avertir personne, avec tous ses bijoux cousus dans l'ourlet de sa robe. Tu aurais vu la tête de mes tantes à l'idée qu'elle puisse être kidnappée avec les diamants de la famille.

— Et qu'est-ce qu'ils sont devenus, ces diamants ?

— Ma tante Jeanne a fait main basse dessus en prétendant que l'ourlet s'était décousu entre Avignon et Lyon. Depuis, la moitié de la famille ne parle plus à l'autre.

L'Homme hoche la tête.

— Dès qu'il y a un héritage de trois francs six sous, une guerre à mort éclate. Toujours.

— Pas dans le cas de ta mère. Tu es son seul enfant et elle dépense tout son fric en soins de beauté. Tu ne les auras pas tes trois francs six sous.

— Tant mieux, dit votre mari, on ne se disputera même pas avec le fisc.

« *C'est le propre de l'Homme de se tromper* » (Cicéron).

Au milieu de la nuit, alors que vous dormez paisiblement (votre époux a récupéré sa chambre, Petite
Chérie réinstallée dans son studio — à votre avis avec
Gilles, son nouvel amoureux), une boule soyeuse se
blottit contre votre cou. Melchior.

— Il y a le fax qui marche, chuchote-t-il à votre
oreille.

Vous allumez. 3 heures du matin. Quel est le frappa-
dingue qui peut bien faxer à 3 heures du matin ?
Impossible. Petit Chat insiste.

— On ne me croit jamais dans cette maison !

Vous allez dans votre bureau. Effectivement le fax
ronronne.

MES CHÉRIS, J'AI ÉPOUSÉ AUJOURD'HUI A
16 H 45 A LAS VEGAS U.S.A. LE CONTRE-AMIRAL
JULES DES BRULIS. NOUS SOMMES MERVEIL-
LEUSEMENT HEUREUX. RENTRONS APRÈS-
DEMAIN. VOUS EMBRASSONS.   LILIBELLE

Vous vous précipitez dans la chambre de l'Homme et
éteignez France-Culture. Il se réveille immédiatement :

— Hein ? Quoi ? Qu'est-ce qu'il y a ?

— Je viens t'annoncer une nouvelle incroyable. Ta
mère s'est remariée aujourd'hui à Las Vegas !

— Ma mère a fait QUOI ?

— *Ta mère s'est remariée aujourd'hui à Las Vegas.*
Votre mari reste pétrifié, les yeux ronds, la bouche
ouverte, les cheveux en piquants de hérisson. Il ressemble au nain Simplet. Vous l'adorez ainsi.

— Elle a perdu la tête ! On aurait dû la mettre sous
tutelle.

— De quel droit ? Il est peut-être très gentil, son vieil
amiral. Ne te plains pas, elle aurait pu convoler avec
un gigolo. Tiens, quand je serai veuve à mon tour,
j'épouserai Olivier de Kersauzon.

L'Homme lève les yeux au ciel. Revient à sa folle de
mère.

— Mais pourquoi à Las Vegas ? Elle a épousé un amerloque ?

— Réveille-toi. Jules des Brulis, c'est un nom français, apparemment. Vachement chic, en tout cas !

Votre mari fait la moue. Snob, va !

Le directeur de la résidence *Aux Clématites sauvages* — que vous faites comparaître en pyjama dans son bureau dès 8 heures, le lendemain matin — sait de qui il s'agit.

— ... un de nos résidents. Un charmant vieux monsieur de 80 ans. Divorcé. (Tiens ! Vous auriez pensé qu'on ne divorçait pas dans la Royale.) Il jouait beaucoup au bridge avec votre mère. Nous avons un club très bien fréquenté.

— Est-ce que vous avez remarqué ... heu... quelque chose entre ma mère et ... ce contre-amiral ? demande l'Homme qui ne s'est pas encore remis de ces épousailles maternelles.

— C'est-à-dire que ... hum... hum... une de nos femmes de chambre nous avait confié qu'il passait parfois la nuit chez elle...

— Parce que en plus, malgré leur âge... ! C'est inconvenant ! gronde votre époux transformé en Père la Pudeur.

— Ce n'est pas parce qu'on est vieux qu'on n'a plus le droit de faire l'amour ! clamez-vous, indignée. Moi, je trouve au contraire qu'on devrait décorer le contre-amiral Jules de la cravate de Commandeur de la Légion d'honneur des Amoureux !

— Vous auriez pu me prévenir ! reproche votre mari au directeur de la résidence *Aux Clématites sauvages*.

Ce dernier prend l'air choqué.

— Non, Monsieur ! Nos résidents sont âgés, certes, mais pas gâteux. Leur vie privée ne nous regarde pas. S'ils ont envie de faire une fugue, c'est leur affaire.

— Une fugue ! Exactement ! s'écrie l'Homme. Ils ont manigancé une fugue comme des gamins de 15 ans. Quelle époque ! On ne peut même plus faire confiance à ses parents.

Le téléphone sonne sur le bureau du directeur. Il décroche et écoute les hurlements qui s'échappent de l'appareil.

— Oui, je suis au courant, répond-il, pincé. Ses enfants sont justement dans mon bureau ; je vous les passe.

Il chuchote :

— Ce sont les fils du contre-amiral des Brulis. Ils n'ont pas l'air content, eux non plus.

L'Homme prend le combiné.

— Non. Nous ne savions rien, dit-il sèchement. Nous sommes aussi surpris que vous. Effarés ... Bien, voyons-nous tout de suite, puisque vous le désirez ... (Sarcastique) C'est ça : une réunion de famille, chez vous, dans dix minutes !

— Ils ne sont guère aimables, ajoute-t-il en guise de commentaire, en raccrochant.

Le directeur hoche la tête douloureusement.

L'entrevue avec les deux fils et la fille du Vert Galant de Lilibelle se déroule dans une ambiance glaciale. Ils ne vous proposent même pas un café ou un simple verre d'eau. Ils sont fous de rage. Malgré les assurances de votre époux, ils vous soupçonnent visiblement d'avoir arrangé ce mariage et aidé Lilibelle à séduire leur vieux marin de Papa. La raison en apparaît rapidement.

— Vous avez noté qu'ils se sont mariés à Las Vegas ? siffle venimeusement le fils aîné (ventru, vilaine cravate. Vous le surnommez intérieurement « Gras-du-Bide »).

— Bien sûr ! répondez-vous aimablement. C'est, je crois, un des seuls endroits au monde où l'on peut se marier en dix minutes. Il paraît que c'est aussi amusant qu'une visite à Disneyworld, m'a raconté une amie. Signature en cinq minutes à la mairie. Pasteurs toutes confessions et petites chapelles adorables. Témoins fournis par l'Église. Musique. Photographe. Bouquet de roses. Tee-shirt (suivant forfait). Suite nuptiale à l'hôtel, avec lit en forme de cœur, fleurs et miroir au plafond.

Le fils cadet (pas un poil sur le caillou. Léger strabisme. Vous le surnommez, lui, « Chauve-qui-Peut ») vous foudroie de son œil gauche.

— Il vous a peut-être échappé que Las Vegas était aux USA ?

— C'est un péché ?

— Cela veut dire que le mariage a eu lieu sous la loi américaine.

— Et alors ?

— La femme, en cas de divorce ou de veuvage, a droit à la moitié de la fortune de son mari.

Fiat lux.

Les deux fistons et la fifille attendaient impatiemment de se partager les sous de leur contre-amiral de père. Lilibelle venait de leur en faucher la moitié. Dur. Dur.

— Votre père aurait-il une grosse fortune ? interroge ironiquement votre époux.

— Encore assez ! grince « Gras-du-Bide ». Mais nous allons attaquer ce mariage. Il est évident que notre pauvre Papa n'avait plus toute sa tête, et qu'il s'est laissé embobiner par votre dévergondée de mère !

L'Homme se lève, empoigne « Gras-du-Bide » par sa vilaine cravate et l'étrangle à moitié.

— Redites-le une fois de plus et je vous réduis en chair à saucisses ! rugit-il. Ma mère a peut-être des défauts, mais ce n'est pas une pute !

— On dit ça ! ricane d'une voix criarde Fifille.

C'est à votre tour de vous tourner vers « Fesses Serrées »

— Toi, la salope, un seul mot désagréable sur ma belle-mère et je t'arrache ton collier de perles, je les écrase par terre, et je t'oblige à les bouffer !...

« Fesses Serrées » a un regard de terreur et porte une main à son cou pour protéger son bijou.

— Mais elles sont vraies ! s'exclame-t-elle, horrifiée.

— J'espère bien. Sans cela où serait le plaisir ?

Vous quittez les lieux, l'Homme et vous, fusillés dans le dos par des regards de haine.

Dehors, vous éclatez de rire.

— Sacrée Lilibelle ! s'exclame votre époux assez fier. Jusqu'à sa mort, elle nous en fera voir de toutes les couleurs.

Fille Aînée et Petite Chérie poussèrent des cris de joie à l'annonce du remariage de leur terrible « grand-mère ».

— Elle est géniale ! s'exclama Alizée.

Puis elle s'inquiéta :

— Ils ne sont pas trop vieux pour faire l'amour ?

— C'est leur problème, répondit Fille Aînée, dont c'était vraiment la phrase favorite.

— En tout cas, dites-vous, on va leur préparer une réception d'accueil d'enfer !

Pendant deux jours, avec votre cadette, vous confectionnez des guirlandes de fleurs en papier crépon blanc. Que le jeune Gilles — reçu désormais chez vous comme l'amoureux en titre de votre petite dernière — suspend à travers les pièces de votre appartement. Vous recouvrez la table de la salle à manger d'une grande nappe d'organdi blanc brodé, rapportée de Hong-Kong par Fille Aînée bien-aimée. Vous avez demandé à votre chère concierge de vous aider à faire briller l'argenterie et à disposer partout une fortune de fleurs blanches et roses. Madame Rastout est enthousiaste. « C'est plus beau que pour le mariage de Kim Basinger ! » s'exclame-t-elle en joignant les mains. Votre charmante gardienne est une grande lectrice de *Voici*, ce qui lui permet d'avoir une culture que vous ne possédez pas : ce n'est pas elle qui confondrait, comme vous, Sharon Stone, Cindy Crawford et Kim Basinger !

Madame Rastout est tellement émerveillée par votre décoration festive et vous tartine de tant de compliments que vous l'invitez à la fête.

Le jour du retour de vos antiques Roméo et Juliette, Fille Aînée débarque avec sa tribu : Monsieur Gendre n° 2, et ses trois enfants (deux de Monsieur Gendre n° 1 : Matthias, 17 ans, et Émilie, 13 ans, et un de Monsieur Gendre n° 2 : le jeune Augustin, dit Attila, 7 ans). D'accord, ce petit monde fait un peu fouillis et il vous arrive de ne plus vous rappeler qui est le fils de qui. Mais c'est ce qu'on appelle une famille moderne « en kit », et vous les chérissez tous du fond de votre cœur.

En vous aidant à mettre des cendriers à la ronde (Vous croyez vous rappeler, d'après la lointaine lecture de *Tintin*, qu'un marin ça fume la pipe en criant « Mille millions de mille sabords ! »), Petite Chérie vous fait ses confidences.

Le dénommé Thomas, venu récupérer ses affaires, avait tapé à la porte du studio d'Alizée jusqu'à 2 heures du matin. En commençant par l'appeler tendrement « ma poussinette » pour terminer par des injures furieuses : « Grognasse. Radasse. Putasse du bois de Boulogne ! » —, accompagnées de coups de pied tous azimuts. Votre cadette bien-aimée avait branché une musique de rock à plein tube et, pour plus de précautions, enfoncé des boules Quies dans ses oreilles.

L'amoureux éconduit, épuisé, avait fini par ramasser son sac poubelle et disparaître dans la nuit.

Le lendemain, le dénommé Gilles s'installait définitivement (enfin, pour quelques mois).

— Il fait quoi, celui-là ? demandez-vous.

— Avocat. Au chômage, soupire-t-elle.

Les copains de Petite Chérie sont en général au chômage. Hélas !

— Cela peut être utile, malgré tout, dites-vous gentiment.

(Vous ne savez pas encore à quel point !)

Fille Aînée s'affaire à la cuisine. Contrairement à vous qui ne savez pas faire rôtir un simple poulet de Loué, Justine est un cordon-bleu. Elle prépare un magnifique filet de bœuf en croûte aux champignons,

son triomphe. Le traiteur livre des langoustes mayonnaise et une pièce montée avec, écrit à la chantilly :

VIVE LES MARIÉS !
VIVE LILIBELLE ET JULES !

Monsieur Gendre n° 2 met le couvert, aidé par le
jeune Attila. Vous craignez un peu pour votre belle porcelaine de Limoges, mais à tort.

La fête est prête quand les jeunes mariés débarquent
d'un taxi.
Émilie, postée en sœur Anne sur le balcon, crie :
— Les voilà ! Lilibelle a une très jolie robe bleue et
notre nouveau grand-père plein de médailles sur la poitrine !
Vous ouvrez la porte d'entrée à deux battants. Quand
les vieux amoureux sortent de l'ascenseur, votre petite
famille se met en rang et crie :

« VIVE LES MARIÉS ! »

tout en jetant des poignées de riz et de confettis. La
concierge n'est pas la dernière à ce petit jeu mais a la
délicatesse de ne pas faire remarquer que, demain, elle
sera drôlement de corvée d'aspirateur.
Le contre-amiral fait le salut militaire. Il porte une
superbe moustache blanche hérissée de grains de riz et
de confettis.
Vous félicitez Lilibelle pour sa ravissante robe volan-
tée en faille azur.
— Saint-Laurent ! Cadeau de mon Jules, chuchote-
t-elle.
Les enfants du contre-amiral des Brulis ont tort de
s'en faire pour leur héritage. Lilibelle aura ruiné leur
père bien avant qu'il s'en aille retrouver saint Jules Ier
(patron des vidangeurs).
Le déjeuner se passe le plus gaiement du monde. Le
champagne est délicieux, le mari tout neuf de Lilibelle
en a les joues écarlates. Matthias rêve de s'engager

dans la Marine. Émilie est tellement excitée qu'elle fait pipi dans sa culotte. Attila grimpe sur les genoux de Grand-Papa Jules et demande :

— Quel âge tu as, toi ? Moi, j'ai 7 ans.

— Moi aussi, aujourd'hui ! sourit le fier représentant de la Royale en embrassant la main de Lilibelle. Et merci à vous tous. C'est si bon d'avoir une famille qui vous aime !

— Ses enfants l'attendaient dans sa chambre, à la résidence. Il paraît qu'ils ont été odieux ! déclare Lilibelle.

— Ce sont des bougres de petits salauds, claironne le contre-amiral d'une voix forte. Je les ai menacés de les mettre aux fers à fond de cale.

— Comme le capitaine Barbe-Noire ! s'écrie Attila, admiratif.

C'est à cet instant précis que surgissent de l'ascenseur (vous avez oublié de refermer la porte de l'appartement) « Gras-du-Bide » et « Chauve-qui-Peut ». (Fifille « Fesses Serrées » ne fait pas partie du commando.)

— J'étais sûr de te trouver ici ! crie aigrement « Gras-du-Bide ». Viens, Papa ! On t'emmène !

— Où ça ? demande Grand-Papa Jules, interloqué.

— Dans une superbe clinique, avec de très belles chambres, un jardin plein de fleurs, et de bons médecins pour te soigner.

— Ahhhhhhh !... Ils vont l'enfermer dans un asile ! hurle Lilibelle.

Elle s'évanouit.

L'Homme se précipite.

— Vous avez des prescriptions de médecins-psychiatres, ou un mandat du préfet de police ? interroge le jeune Gilles qui se dresse comme un petit coq. Sinon, c'est un enlèvement avec séquestration, et vous risquez cinq ans de prison.

— Foutez-nous la paix, espèce de morveux ! hurle « Chauve-qui-Peut ». D'abord, qui est-ce ?

— Notre avocat, assistant du bâtonnier, annoncez-vous sans vous dégonfler.

La concierge — qui s'apprêtait à aider les mariés à entamer la pièce montée — se met devant Grand-Papa Jules et agite son immense couteau à découper le gigot en direction des kidnappeurs.

— Laissez ce pauvre homme tranquille !

Avec sa jolie robe de maille vert d'eau (offerte par vous en cadeau de Noël), son nœud de velours noir piqué dans le chignon, ses boucles d'oreilles en strass, Madame Rastout est très chic. « Gras-du-Bide » la prend pour la mariée et lui flanque une claque.

— Vous, la pute, taisez-vous !

— Foutre du diable ! Qu'on fusille ce con ! tonitrue le contre-amiral, violet de fureur.

Madame Rastout n'a pas non plus apprécié sa gifle.

D'un grand geste moulinant de son immense couteau à découper le gigot, elle tranche le bout du nez de « Gras-du-Bide ». Tchlafffff !... Le sang jaillit.

Le blessé se met à crier comme un cochon qu'on égorge, tandis que ses yeux roulent dans tous les sens.

— Au secours ! On m'assassine ! C'est une meurtrière, cette femme !

— Appelle les pompiers ! vous braille l'Homme qui, à force de tapes sur les joues, a réveillé sa mère qui se redresse.

— Papa ! Tu vois bien que tu as épousé une folle ! brame « Chauve-qui-Peut », louchant de plus belle.

— Pauvre crétin ! hurle Lilibelle à « Gras-du-Bide », c'est moi la mariée ! Vous avez souffleté la concierge ! Madame Rastout, passez-moi le couteau à découper. Je vais lui taillader ses oreilles à ce gros salopard !

On la retient.

Vous attrapez une belle serviette de table blanche et brodée et vous épongez le sang un peu partout.

— Inutile d'appeler les pompiers, faites-vous remarquer à votre mari, puisque ces messieurs ont leur propre ambulance en bas. Elle va les conduire à leur belle clinique.

Exit les rats.

— Madame Rastout, déclare le contre-amiral d'une voix forte, je vous décore sur le champ des Braves !

Il arrache sa croix de guerre et l'épingle sur l'opulente poitrine en maille verte de votre chère concierge, rose d'émotion.

— Je crois qu'il est temps de ramener les jeunes mariés à la résidence *Aux Clématites sauvages*, chuchotez-vous à l'Homme. Le matelot est complètement pompette.

Votre époux va glisser son bras sous celui de sa mère.

— Maman, je te souhaite beaucoup de bonheur.

Lilibelle, d'un geste tendre, inattendu chez elle, caresse la joue de son fils.

— Merci, mon babounet. Mais, tu sais, je n'oublierai jamais ton père. Il m'a rendue très heureuse.

— Je suis sûr que tu vas avoir encore plein d'années d'une vie joyeuse et... paisible.

« *Les rivières ne se précipitent pas plus vite dans la mer que les hommes dans l'erreur* » (attribué à Voltaire).

Chapitre III

Il faut bien que jeunesse se passe

Les amours adolescentes sont comme le feu de bois vert qui donne plus de fumée que de chaleur.

Inspiré d'un proverbe allemand.

BIP-BIP ... BIP-BIP ...

7 heures 5.

— A cette heure-ci, c'est Jeanine, bâille Melchior.

Une copine qui, comme vous, se lève à 5 heures du matin pour écrire. Vous aimez toutes les deux babiller quelques instants, à l'aube, quand tous ces feignants de Parisiens dorment encore. (Inutile d'appeler quelqu'un de la capitale à son bureau avant 10 heures, et même 11 si le quidam a été, soi-disant, prendre un « petit-déjeuner-de-travail » au George-V ou au Plazza, avec d'autres flemmards gourmands.)

Surprise : voix de Matthias, l'aîné de vos petits-enfants. Il doit y avoir le feu chez Fille Aînée.

— Non, non ! Ne t'inquiète pas, Mamie, bafouille-t-il, ... heu ... j'ai juste quelque chose à te demander.

— Oui, mon chéri ?

— Tu m'as abonné à *Paris Match*, il y a presque un an.

— Hon ! Hon !

Une de vos tristesses dans la vie : Matthias n'aime pas lire. Vous avez tout essayé : lui ouvrir un compte chez le libraire à côté de chez lui, l'emmener à la FNAC choisir de luxueux albums sur le sport (qu'il adore, par contre, mais dont il ne regarde que les photos), l'abonner à *Mickey, Picsou, Chouchou, Cousteau Junior, Foot Magazine, Karate Bashido, Tennis Magazine*, pour finir par *Paris Match*. Vous savez, par sa chipie de sœur, qu'il se contente de dévorer des yeux les images de la rubrique « *People* ».

— Mamie ! Est-ce qu'à la place de *Paris Match*, tu ne pourrais pas m'abonner à *La Croix* ?

— A QUOI ?

— A *La Croix*.

Un OVNI débarquant en dansant des claquettes sur votre bureau ne vous surprendrait pas plus.

— Le quotidien catho ?

— C'est ça, répond la petite voix gênée de Matthias.

Vous savez que les adolescents n'apprécient pas la curiosité chez leurs parents et grands-parents. Vous dites simplement :

— Mais oui, bien sûr, mon trésor ! Je m'en occupe aujourd'hui même.

Vous attendez une heure qu'il soit parti au lycée, et vous vous jetez sur le téléphone pour appeler sa mère.

— Devine le cadeau que ton fils aîné vient de me demander !

— ... Une planche de surf ?

— Un abonnement à *La Croix* !

— A QUOI ?

— *La Croix*. Le quotidien catho.

— Il est devenu fou !

— On dirait. Tu es au courant de quelque chose ?

— Absolument pas. Mon Dieu ! Pourvu qu'il ne veuille pas devenir curé...

— Il n'est même pas baptisé ?

— Ni lui ni Émilie. C'est Attila qui l'est. Sinon sa grand-mère menaçait de se suicider. Tu connais la passion de mon bonhomme pour sa maman. J'ai cédé.

— Et tu l'as envoyé au catéchisme ?

— Oui. Au bout d'un mois, il a refusé d'y retourner quand une petite fille lui a cafté que les prêtres n'avaient pas le droit de se marier. Je le laisse se disputer avec son aïeule !

Cette affaire de baptême et de catéchisme a toujours été un gros souci dans vos rapports éducatifs. A la naissance de Fille Aînée, vous étiez encore sous influence conventuelle. D'où grande cérémonie avec robe de famille en dentelle (sentant la naphtaline) pour le bébé ; parents, beaux-parents, grands-parents, parrain, marraine, et parentèle, sur leur trente et un ; musique, cloches, déjeuner familial avec langouste mayonnaise. Bref, tout le tralala.

Puis, hélas, vous avez perdu la Foi. Plus question d'accompagner hypocritement Justine à la messe du dimanche, ni de faire semblant de croire à la virginité de la pauvre Sainte Vierge.

Mais vous avez continué fermement à l'envoyer au catéchisme, où elle reçut une éducation chrétienne jusqu'à sa communion solennelle. De nouveau grand tralala, avec parents, beaux-parents, grands-parents, etc., aube blanche, voile, missel, musique, cloches, et déjeuner familial avec langouste mayonnaise. Et la première montre de Fille Aînée qu'elle attendait avec une fébrile impatience (plus que l'hostie consacrée, vous devez l'avouer).

Dès le lendemain elle abandonna d'elle-même toute pratique religieuse, sauf la messe de minuit en famille et la recherche des œufs en chocolat, le dimanche de Pâques, dans le jardin de la Micoulette.

Quand Alizée vint au monde, vous étiez (pardon à vos amies croyantes) devenue anticléricale. Vous militiez farouchement pour la liberté de la contraception et de l'avortement. Vous ne pensez donc pas à cette histoire de baptême. L'Homme non plus. Lui, il pratiquait l'indifférence.

Mais le chœur des mères s'éleva.

La vôtre — qui vivait encore — ne supportait pas, gémissait-elle, que sa dernière petite-fille soit élevée « comme une païenne ».

— Pense à tes ancêtres, clamait-elle, parmi lesquels il y a un saint !

— Ah bon !

— Oui. Saint Jean Eudes.

— Connais pas.

Quant à Lilibelle, elle téléphonait tous les jours à l'Homme à son bureau (crime de lèse-travail), étant devenue bigote après une existence tumultueuse. Vous avez remarqué, comme tout le monde, que la peur de la mort rapproche les vieilles dames du Seigneur, surtout si elles ont beaucoup péché. Vous vous demandez parfois si, vous aussi, quand vous serez une douairière, vous retournerez en trottinant vers l'église de votre enfance.

En attendant, les nerfs de votre époux lâchaient.

— Faisons baptiser Alizée ! gueulait-il. Que je puisse travailler tranquille ! Ma mère m'empoisonne pieusement la vie.

Embêtée, vous allez demander conseil à votre très cher et très respecté ami : le Père D., aumônier de la prison de la Santé. Dans sa robe blanche de dominicain, avec son chapelet à la ceinture, ses yeux bleus d'enfant et son sourire chaleureux, vous avez beaucoup d'affection pour lui. D'autant que ses rapports quotidiens avec criminels, délinquants, truands, et leurs familles, lui ont donné l'esprit large. Il irradie bonté, gaieté et amour du prochain.

— Bah ! vous dit-il. Pourquoi pas ? Si cela fait tellement plaisir à vos vieilles dames.

— Mais je n'y crois plus à votre baptême.

Il rit.

— Ce n'est pas un péché de ne pas croire. Et puis, qui sait ? Il reste peut-être une larme de religion dans le fond de votre vilaine âme. J'ai accompagné un jour à la mort un assassin qui me crachait à la figure en insultant le Seigneur. Et quand il est monté sur la guillotine, il a crié : « Mon Dieu ! Aidez-moi ! »

— D'accord, répondez-vous impressionnée, on va faire baptiser Alizée, mais à une condition : que ce soit vous qui la bénissiez.

— Oh ! là ! là ! s'exclame joyeusement le Père, c'est très difficile ce que vous réclamez. On est follement administratif dans l'Église. En principe, c'est le curé de votre paroisse qui doit assumer la cérémonie.

— Pas question ! Jamais il ne posera ses vilaines papattes sur le front de ma petite fille.

— Peste ! Qu'est-ce qu'il a vous fait ?

— Il est débraillé, il sent mauvais, et il manque complètement de chaleur humaine.

— Hé bé... Vous lui avez taillé sa soutane pour l'hiver ! Mais il faut tout de même demander la permission à l'évêque.

— J'y vais.

— Hum ! J'ai peur qu'avec votre caractère ardent, vous lui fassiez peur. C'est fragile, un évêque, vous savez ? Je préfère m'en occuper moi-même.

La cérémonie eut lieu dans l'église du petit village de Moustoussou, et le déjeuner (avec langouste mayonnaise) à la Micoulette. Les grand-mères, enchantées, tombèrent amoureuses du Père D. Et l'Homme baptisa sa dernière fille avec de la blanquette de Limoux.

Alizée alla à son tour au caté.
Dont elle claqua aussi la porte le jour où l'aumônier lui apprit que la Sainte Vierge était montée au ciel, ftttt.., comme un ballon-sonde, portée par les anges du paradis.

— Encore des mensonges de grande personne, comme le Père Noël descendant dans les cheminées, railla-t-elle.

Pour en revenir à Matthias, la rumeur familiale stupéfaite vous apprit qu'il lisait pieusement *La Croix* tous les matins, au petit déjeuner, et se refusait à donner la moindre explication pour ce geste incongru, même à sa mère.

Un dimanche, il vous chuchote dans le creux de l'oreille :

— Mamie, est-ce que, la semaine prochaine, je peux amener une amie à déjeuner ?

— Bien sûr, mon chéri.

— C'est que ... elle est « charismatique »...
Vous comprenez : « paralytique ».

— Oh, la pauvre ! Elle se déplace en fauteuil roulant ?

— Non, Mamie. « Cha-ris-ma-ti-que »... C'est une

communauté de croyants qui prient tous ensemble, qui méditent, qui se consacrent au Bien.

— C'est une secte ? Tu sais que c'est très dangereux, les sectes !

— Non, Mamie. Ce sont des catholiques qui croient au pape.

— Ah bon ! Une secte vaticane, alors !... Ne fais pas cette tête-là, mon chéri ! Je disais cela pour te taquiner. Et comment s'appelle ta copine ?

— Mélanie. Elle a 16 ans. Nous nous sommes « fiancés » secrètement devant le Seigneur. Mais ne le dis pas à Maman, elle se ferait un sang d'encre.

— D'accord ! Vous n'êtes pas un peu jeunes pour vous fiancer ?

— Dieu nous aidera. Surtout à rester chastes. Parce que Mélanie veut se marier vierge.

Il vous regarde avec tant de naïveté et de gentillesse que vous ne dites pas sarcastiquement : « Bon courage, mon garçon ! », mais : « C'est très bien, Trésor ! » avec tendresse.

Quand Mélanie arriva chez vous, le dimanche suivant, pour le déjeuner familial, toute la tribu darda des yeux fascinés sur elle. Seule Fille Aînée, furieuse de n'avoir pas été mise au courant plus tôt des amours de son fils, lui jeta à peine un coup d'œil.

La petite créature était souriante, et jolie, ce qui ne gâtait rien. Portant minijupe — d'une longueur raisonnable, c'est-à-dire couvrant bien la culotte de coton — et pas une robe bleu marine avec un col blanc comme vous l'aviez craint. Vous, à son âge, étiez affublée de cet uniforme, assorti d'un chapeau en feutre, blanc également, ressemblant à un pot de chambre.

Tout alla bien jusqu'au moment de se mettre à table.

Mélanie se tourna vers vous :

— Puis-je dire le *Benedicite* ? demanda-t-elle d'une voix douce.

— ... Mais bien sûr !...

Elle prononça alors une longue phrase incompréhensible et se signa. Matthias l'imita. Vous chantonnez

Amen!, à tout hasard. Le reste de la famille avait assisté à la scène, debout, en silence, les yeux ronds, les bras ballants. Seule Justine avait croisé les siens avec un air de défi.

— En quelle langue elle a parlé, la fille ? interrogea Attila en s'asseyant de travers sur sa chaise, comme d'habitude.

— En hébreu, clama Matthias avec fierté. Mélanie apprend l'hébreu pour pouvoir décoder la Bible.

— C'est quoi, la Bible ? questionna encore le dernier de vos petits-fils.

— Je te raconterai, dit précipitamment Fille Aînée. Pour l'instant, mange tes hors-d'œuvre.

— Est-ce que je pourrais ne pas prendre de carottes rapées ? gémit Attila.

— Non. C'est plein de vitamines, et très bon pour la santé, répondit sa mère.

— Moi, j'aime pas les vitamines des carottes, se plaignit le jeune homme, boudeur.

C'est alors que Petite Chérie, provocante, mâchonnant un rond de saucisson, interpella Mélanie :

— C'est vrai que tu es « charismatique » ?

— Oui. De la communauté de l'Emmanuel.

— Il paraît que, chez vous, la pilule est interdite ?

— Oui. Mais pas la contraception naturelle Billings.

— Tiens ! s'exclama Fille Aînée, cela m'intéresse. Tu connais cette méthode ? glissa-t-elle à Monsieur Gendre n° 2.

— Pas du tout, fit celui-ci, penaud, je suis dentiste, pas gynéco. Mais je peux téléphoner à un copain.

Il sortit son SFR de sa poche. Le compagnon de Justine adore appeler sur son cellulaire. Y compris au restaurant. Ce qui lui valut d'être viré de chez Lipp où vous n'osez plus mettre les pieds.

— Tutute ! Interdit de téléphoner pendant le déjeuner, chez moi ! dit l'Homme fermement (imitant Lipp). Il y a cinq portables autour de cette table et si tout le monde s'y met, ce ne sera plus une réunion de famille mais un meeting d'intellectuels votant leur pétition de la semaine.

— Du reste, c'est inutile, intervenez-vous. Je connais la méthode Billings. C'est mieux qu'Ogino pour avoir des bébés.

— C'est qui, Ogino ? demanda Attila.

— Je t'expliquerai quand tu seras plus grand, déclara sa mère. Ah, tu as fini tes carottes !... Bravo, mon petit chéri !

Vous avez très bien vu que le petit chéri avait balancé ses carottes sous la table, dans l'espoir que Melchior, toujours affamé, les mangerait. Vous ne caftez pas. Vous êtes une grand-mère, plus une mère : finies les réprimandes éducatives. Au tour de Justine.

— Il paraît que le pape est contre le préservatif ? reprit Petite Chérie en fixant toujours agressivement Mélanie. Alors, les gens qui ont le sida, non seulement ils meurent, mais ils passent leur maladie à d'autres qui meurent à leur tour. C'est un assassin, ton pape !

Mélanie devint rouge de colère. Ses yeux lancèrent des éclairs peu charitables.

— Je t'interdis de dire que c'est un assassin. Les gens n'ont qu'à rester chastes.

— Tu veux dire : ne plus faire l'amour ?

— Alizée ! arrête ta conversation... Il y a des oreilles d'enfants autour de cette table, proclama pompeusement l'Homme.

— Je ne suis plus une enfant, Grand-Père ! protesta Émilie. Je suis justement à l'âge où ces choses-là m'intéressent.

— Moi, pas du tout ! remarqua Attila. Alors j'écoute pas vos histoires.

Petite Chérie avait décidé de se bagarrer avec Mélanie. Elle fonça avec l'ardeur d'un TGV Paris-Lyon :

— Tu crois que c'est possible de rester chaste toute sa vie ?

— Les prêtres et les religieuses le font bien.

— Sauf qu'il y en a plein qui défroquent...

— Ceux qui n'ont pas la force de réprimer leurs pulsions sexuelles ! insinua Mélanie d'une voix doucereuse (Matthias avait dû lui raconter les amours nombreuses et tumultueuses de votre cadette).

Cette dernière devint écarlate de fureur à son tour.

— Parce que tu crois que c'est facile de réprimer ses élans physiques quand on est amoureux ? Je te parie un paquet de cacahuètes que, dans un an, tu n'es plus vierge !

— Alizée ! tais-toi et excuse-toi, vous exclamez-vous.

— Imite les Bédouins ! renchérit l'Homme.

Petite Chérie resta interdite.

— Pourquoi les Bédouins ?

— Parce que l'hospitalité est sacrée pour eux. Mélanie est notre invitée. Tu dois la traiter avec le maximum de politesse.

— Je te demande pardon, murmura votre dernière fille à la jeune « charismatique ».

— Non, c'est moi qui m'excuse. Je n'aurais pas dû me mettre en colère. J'ai commis un péché.

— Péché ou pas péché, on passe maintenant au gigot, dit Fille Aînée en vous tendant l'énorme plat, et on parle d'autre chose.

— Des vacances de Pâques, par exemple ! proposez-vous gaiement.

L'enfer est pavé de bonnes intentions.

Sur les vacances, tout le monde avait son idée. Le brouhaha fut immédiat. Fille Aînée et Monsieur Gendre n° 2 comptaient partir en montagne en famille. Petite Chérie envisageait une randonnée à cheval dans le Vercors avec Gilles. L'Homme et vous hésitiez entre la Micoulette et Venise. Seuls Mélanie et Matthias restaient silencieux.

— Et vous deux ? Quels sont vos projets ?

Matthias hésita, puis plongea :

— ... Heu... le pèlerinage de Chartres à pied, avec Mélanie...

— Je l'ai déjà fait l'année dernière, déclara Mélanie d'une voix exaltée. C'est sublime.

— Pas question ! s'exclama Fille Aînée d'un ton sec. Matthias, tu sais très bien que c'est l'année de ton bac, et que nous avons convenu que tu devais réviser pendant toutes les vacances.

— Oh, Maman ! Le pèlerinage dure trois jours...

— Non et non ! Tu iras pèleriner tant que tu voudras, mais APRÈS ton bac.

L'Homme et vous, vous abandonnez un peu tristement — surtout vous — le projet de Venise pour emmener l'aîné de vos petits-enfants à la Micoulette avec ses livres de classe. Vous n'êtes pas charismatique, mais un petit peu sainte, tout de même !

Deux jours plus tard, vous avez une solide conversation avec Petite Chérie concernant les préservatifs.

Parce que, vous devez l'avouer, vous n'avez jamais utilisé ces impedimenta dans votre jeunesse agitée. Vous n'en aviez même jamais entendu parler. La pilule n'existait pas, et vous avez vécu dans la terreur de tomber enceinte.

Alizée n'en revient pas.

— Tu veux dire que tu n'as même jamais VU un préservatif ? s'exclame-t-elle. Je ne peux pas le croire !

— Ben non !... confessez-vous piteusement. Heu ... tu t'en sers souvent ?

— Évidemment ! A moins d'être sûre que mon mec m'a été fidèle, ce qui réclame une belle confiance. Moi, j'ai peur du sida, aussi j'ai toujours des capotes dans mon sac.

— Comment ça ! C'est TOI qui les achètes !!!

— Ouais. Parce que les garçons ont horreur de s'en servir et prétendent qu'ils n'en ont pas. Ils te font tout un numéro sur le thème : « On n'en a pas besoin ... Je suis sain ... Je ne suis pas séropo... », etc. Et moi je réponds : « Ce n'est pas à cause du sida, mon chéri, c'est pour ne pas tomber enceinte ! » Alors, là, ils ont la trouille !

— Je croyais que tu prenais la pilule ?

— Bien sûr que je prends la pilule. Mais je ne leur dis pas ! Et toutes mes copines, pareil. Parce que les préservatifs, ce n'est pas sûr à 100 pour cent. Il arrive qu'ils craquent ou qu'ils se débinent.

— Et tu les trouves où ? A la pharmacie ?

— Non. Parce que les vieux qui achètent des kilos de médicaments et creusent le trou de la Sécurité sociale, prennent un drôle d'air quand c'est une fille qui demande une boîte de capotes. Comme si tu étais une pute. Je préfère les distributeurs. Il y en a partout, même dans le métro. Ou alors chez Leclerc.

Vous restez saisie.

— Chez Leclerc ? On vend des préservatifs chez Leclerc ? Ça alors !!! Je n'ai jamais remarqué... A quel rayon ?

— Parapharmacie. A côté des petits pots pour bébés. Tu trouveras toutes les tailles.

— Ah bon ! Parce qu'il existe des tailles différentes ?

— Enfin, Maman ! On dirait que tu n'as jamais vu de zizi de mec !... Évidemment qu'il y a des tailles différentes ! En principe, trois. D'abord la standard ; c'est celle que je prends. Puis la grande taille ; les types qui en ont besoin sont tellement fiers qu'ils en ont généralement dans leurs poches. Enfin la petite taille ; je n'en achète jamais pour ne vexer personne. Ensuite, il y a plein de couleurs différentes...

— Ah bon ! Et c'est joli ?

— Pas terrible. Mais il paraît que dans les sex-shops, tu trouves des dorées et des fluos...

— Des fluos ! Pour quoi faire ?

— Je ne sais pas. Je n'ai jamais essayé. Peut-être pour briller gaiement dans l'obscurité. Il y a aussi tous les goûts : banane, vanille, fraise, etc. La plus vendue, c'est la vanille...

Vous n'en revenez pas. C'est fou ce que vous ignorez de choses dans la vie.

Le lendemain, vous galopez chez Leclerc.

Après avoir fait vos achats en dix minutes, vous cherchez le fameux rayon « Préservatifs », à la parapharmacie. Vous avez beau fouiller : rien. Vous fouinez dans tous les rayons alentour, même aux « Fruits et Légumes » : rien. Vous n'osez pas interpeller une ménagère (de plus ou de moins de cinquante ans) parmi celles qui courent en tous les sens autour de

vous. Vous vous dégonflez également d'aller vous ren-
seigner auprès d'une jeune caissière (avec vos cheveux
blancs qui commencent à pousser, vous auriez l'air de
quoi ?). Bref, au bout d'une heure de recherches, vous
décidez d'abandonner...

...quand, dans un dernier regard distrait au rayon
« Lait » (!), vous LES apercevez. Trois petites boîtes
sur un présentoir de pansements (!). Bleus. Blancs.
Rouges. On a le préservatif patriote chez Leclerc. Malgré cela, l'ensemble n'est pas engageant. Le Préservatif
est triste, au fond du présentoir... Un monsieur à
lunettes s'approche, se penche à son tour, puis vous
regarde d'un air gêné. Vous vous sauvez tous les deux,
chacun dans sa direction.

Dès votre retour chez vous, vous téléphonez à Petite
Chérie pour lui faire part de votre déception. Justement,
elle a un cadeau pour vous. Désireuse de faire votre
éducation, elle vous a acheté dans une boutique spécia-
lisée dans les « condoms » (« Tu verrais, Maman, c'est
inouï ! Il y en a des milliers ! ») un « modèle très marrant avec une tête de clown au nez rouge au bout »...

Le soir vous attirez l'Homme dans votre lit et vous
lui tendez la tête de clown.

— C'est quoi, cette « chose » ? demande-t-il avec
curiosité.

Vous le lui expliquez.

Pour s'amuser comme les jeunes...

Furieux, il jette la « chose » par terre.

Et, le lendemain, engueule Petite Chérie de toute sa
voix :

— Je te prie de ne pas donner de cochonneries à ta
mère !!! Ni de lui en raconter !!!...

Matthias passa son bac avec mention. Mélanie aussi.

Ils entrèrent tous les deux à l'université pour faire
leur droit. Leurs « fiançailles » duraient. Le petit
couple, comme vous les appeliez dans le secret de votre
cœur, vous attendrissait.

Et puis, crac, catastrophe.
Petite Chérie gagna son pari.

La jeune Mélanie débarque en larmes chez vous et
demande à se confier d'urgence. Vous l'installez sur
l'éternel canapé du salon à côté de vous.

— J'ai péché ! Nous avons péché ! sanglote-t-elle en
se jetant dans vos bras.

— Le Juste pèche sept fois par jour, indiquez-vous
gaiement (Cela sert d'avoir été élevée dans des cou-
vents et écouté des milliers de sermons). Et quel péché
avez-vous commis, ma fille ?

— Onafaitlamour..., bredouille la pauvrette.

— Pardon ? Je n'ai pas entendu, je deviens un peu
sourde.

— J'ai fait l'amour avec Matthias !

— Je suis sûre que c'était merveilleux ! vous exclamez-vous.

— Oh oui ! murmure votre petite charismatique
avec ferveur.

Ses larmes redoublent.

— Il ne faut pas pleurer, dites-vous tendrement.
L'amour physique est l'acte le plus beau sur terre
quand il s'accompagne d'une union spirituelle.

(Vous êtes assez fière de votre petit prêche à vous.
Bossuet n'est pas votre cousin.)

— C'est que ... J'ai peur d'être enceinte..., chuchote
la jeune Mélanie.

— La méthode Billings ?

— Pas de méthode du tout !

— Aïe...

Vous réfléchissez tout haut :

— Matthias a 18 ans. Et vous 17 ?

— Oui.

— C'est bien jeune pour avoir la charge d'un bébé.
Tant pis. Vous aimez Matthias ?

— De toute mon âme, et pour la vie ! affirme
Mélanie avec ferveur en joignant les mains.

— Et lui ?

— Je le crois aussi, avoue-t-elle en rougissant.

— Parfait. Mariez-vous. Si vous êtes réellement enceinte.

— C'est que ... mes parents et mon confesseur ne vont pas être contents...

— Je parlerai à vos parents. Quant à votre confesseur, on s'en fout ! J'en ai un autre, épatant.

Et vous l'envoyez illico voir votre cher Père D. qui lui donna immédiatement son absolution, fou de joie à l'idée de bénir l'union de ces deux beaux anges amoureux.

Vous ne parlez du bébé à personne (même pas à l'Homme), sauf à Fille Aînée qui s'effondra.

— Matthias ! Un enfant à 18 ans ! Quelle folie !

— C'est arrivé à d'autres.

— Mélanie n'acceptera jamais d'avorter ?

— Sûrement pas. Une charismatique préfère mettre le bébé au monde, et le donner à adopter.

— Mon petit-fils ! Filé à la DASS ? Jamais. Je préfère l'élever moi-même.

— Bien dit. Je t'aiderai. Tu crois qu'il aimera le gigot du dimanche ?

— De quoi vont-ils vivre, ces enfants ?

— De la pension alimentaire de leurs parents, comme tous les jeunes.

— Et qu'est-ce qu'ils vont faire du môme ?

— J'ai eu une idée. Tu prends Mélanie comme vendeuse à ton magasin de fringues, et vous installez le bébé dans un couffin dans l'arrière-boutique.

— Et s'il pleure quand il y a des clientes ?

— Tu leur dis que c'est un bébé roumain abandonné, et tu fais la quête.

Justine soupira :

— Me voilà déjà grand-mère !

— Et moi, arrière-grand-mère !

— Et Lilibelle arrière-arrière-grand-mère. Elle va nous faire une jaunisse.

Les parents de Mélanie que vous allez voir furent très courtois, mais vous comprenez à leur regard froid qu'ils pensaient que c'était à cause de votre mauvaise influence si leur fille, tellement pieuse, avait commis l'acte de chair.

Seule Petite Chérie se douta de quelque chose.

— Je me demande si je n'ai pas gagné un paquet de cacahuètes ? chantonna-t-elle en se brossant les cheveux dans votre salle de bains où — prétend-elle — la glace la rend plus jolie que chez elle. Grâce à quoi, vous retrouviez votre lavabo plein de ses longs cheveux. Ce qui vous agaçait profondément. Vous le lui disiez. Elle vous jurait qu'elle allait nettoyer comme neuf. Ce qu'elle ne faisait pas. Ce qui vous mettait carrément en colère. Mais trop tard, la coupable s'était déjà enfuie. Tels sont parfois les rapports difficiles filles/mères.

— Les cacahuètes, ça fait grossir, remarquez-vous sèchement.

Votre cadette eut le bon goût de ne pas insister.

En fin de compte, Mélanie n'était pas enceinte.

Personne ne se réjouit ouvertement, mais ce fut un soulagement général.

Fut-ce pour punir leur fille d'avoir manqué à son devoir de chasteté ou pour l'empêcher de recommencer, les parents de Mélanie décidèrent de l'envoyer passer un an aux Indes soigner les pauvres et les mourants de la communauté de feu Mère Teresa.

Le petit couple passa les quinze jours suivants à pleurer et à se jurer fidélité éternelle.

— Ce sera la Grande Épreuve de notre Amour ! psalmodia Mélanie, toujours exaltée.

— Nous nous marierons à ton retour, promit Matthias.

La jeune charismatique s'envola pour Calcutta.

Les amoureux s'écrivirent de longues lettres dont vous fûtes tenue au courant par Melchior dont la copine siamoise du sixième étage était l'amie d'une chatte balinaise qui connaissait la persane rousse des parents de Mélanie. Vous découvrez à cette occasion que les dames chattes avaient leur propre Ligue des Gonzesses, et échangeaient leurs potins elles aussi.

Mais « *la jeunesse, c'est la fièvre de la santé* », a dit La Rochefoucault.

Matthias se mit à fréquenter une bande de joyeux étudiants, les fêtes techno, une certaine Claire... et rompit ses fiançailles avec la pauvre Mélanie.

— Attention, elle est bouddhiste ! vous avertit Melchior.

— Qui ça ?

— Claire.

— Allons bon ! Elle porte un drap orange entortillé autour d'elle et des cheveux rasés ? interrogez-vous, effondrée.

— Non. Elle s'habille Kenzo.

Melchior le tenait d'un chat birman qui était l'ami d'un chartreux qui connaissait l'angora turc blanc de ladite Claire. Messieurs les chats sont aussi très bavards entre eux.

Quand vous lui apprenez la nouvelle, Fille Aînée se mit à pousser des cris et à tournoyer sur elle-même comme un derviche tourneur.

— Mais qu'est-ce que j'ai fait au Ciel pour avoir un garçon qui s'amourache exclusivement de filles plongées dans la religion ? Cette fois, il va disparaître dans l'Himalaya et méditer sept ans dans une cahute en bois sous la direction d'un lama, comme le fils de Jean-François Revel. Et peut-être devenir lama lui-même !... Je ne m'en remettrai jamais.

— Tu préférerais qu'il se fasse musulman intégriste, qu'il dise sa prière cinq fois par jour, tourné vers la Mecque, le derrière en l'air ? Et qu'il pose des bombes dans le métro ? Tu sais que Malraux a dit que le XXIe siècle serait religieux...

— Cette phrase, si je ne l'ai pas entendue mille fois, je ne l'ai pas entendue une fois ! Mais je ne pensais pas que la religion tourneboulerait la tête de mon fils.

— Il vaut mieux une brave vieille Église bien installée qu'une secte délirante comme il y en a plein. Imagine qu'il devienne témoin de Jéhovah, ou mooniste ou chevalier du Temple solaire...

— Maman, je t'en prie, arrête ou je vais devenir folle ! Pourquoi Matthias n'est-il pas comme tous les garçons de son âge ? Bourré d'acné, insolent, trotskyste, amoureux d'une petite étudiante laïque que j'habillerais à la boutique gratuitement !...

— Parce qu'il faut bien que les enfants embêtent leurs parents. Sans cela, où serait le charme de la vie ?

Actuellement, Matthias est fou d'une certaine Sarah, juive pratiquante, ce qui pose des problèmes pour le déjeuner du dimanche, car ces jeunes gens mangent *casher*. Ce qui vous oblige à faire votre marché dans le quartier du Sentier. Justine ne dort plus à l'idée que son fils puisse abandonner l'étude du droit pour celle du *Talmud*.

Heureusement, vous avez appris par votre cher Melchior qui l'a su à une assemblée générale des Chats de Gouttière, que la mère de la jeune Sarah ne voulait pas qu'elle fréquente un *goy*. D'où scènes fréquentes entre la Mama et sa Fifille, laissant espérer une bruyante rupture avec Matthias.

Et vous avez un joker dans votre manche : une ravissante petite Américaine dont le grand-père est sorcier Navajo et connaît la danse de la Pluie.

Voilà qui serait commode pour les étés trop secs de la Micoulette.

Inch' Allah !

Chapitre IV

Émilie et Potiron

Il n'y a si petite demoiselle qui ne veuille aimer.

(Marguerite de Navarre.)

BIP-BIP ... BIP-BIP ...

15 heures 31 minutes 16 secondes.

Depuis une minute seize secondes, vous êtes allongée sur le canapé du salon avec le projet délicieux de vous plonger dans les 1 135 pages de l'*Ulysse* de Joyce. (Eh oui ! Il vous arrive de lire des bouquins sérieux.)

— Merde ! Jamais tranquille dans cette maison ! vous exclamez-vous à voix haute. Ce téléphone me fait chier !...

Melchior ouvre un œil choqué.

— Ce n'est pas parce que je suis un simple chat de gouttière et qu'il n'y a que moi dans l'appartement, qu'on doit parler aussi grossièrement.

BIP-BIP ... BIP-BIP ...

Où s'est, une fois de plus, vicieusement cachée cette saloperie d'appareil ?

Dans le fouillis de votre sac, comme d'habitude ? Non.

Vous êtes couchée dessus.

Voix haletante de Fille Aînée.

— Maman ! Au secours ! Pour je ne sais quelle connerie, Émilie a été arrêtée par les flics avec sa copine Salomé. Elles sont au commissariat du 6ᵉ. Et moi, je suis en pleins soldes... Un monde fou dans la boutique !... Et, naturellement, pas de vendeuse ! Elle est à l'enterrement de sa grand-mère. Peux-tu y aller à ma place ?

— A l'enterrement de la grand-mère de la vendeuse ?...

— Non ! chez les flics... Faire sortir les filles de taule.

— D'accord. Mais il me semblait que ta vendeuse avait déjà enterré sa grand-mère il y a deux mois ?

— Exact. Pour la quatrième fois. Et t'as remarqué ? Mes vendeuses enterrent tout le temps leurs grands-mères et jamais leurs grands-pères. J'en ai marre... marre... marre !...

Clac ! Elle raccroche.

A vous de foncer. Votre petite-fille en prison à 13 ans ! Qu'a-t-elle inventé ?

Pourtant vous ne lui connaissez que deux passions.

— Sa copine adorée, Salomé, même âge, contre laquelle elle vit collée depuis la maternelle. Les deux petites créatures chuchotent ensemble toute la journée à l'école (punitions diverses), puis au téléphone dès qu'elles sont rentrées chez leurs parents, après s'être quittées au coin de la rue. Dorment l'une chez l'autre. Font leurs devoirs l'autre chez l'une. Vont au cinéma l'une avec l'autre. Des siamoises ne seraient pas plus unies.

— Seconde frénésie : votre chère collection de foulards de soie de chez Hermès commencée il y a trente ans. Le dimanche, après le déjeuner familial auquel Salomé est invitée de droit, elles se glissent en douce dans votre chambre et se déguisent avec. A la corsaire... A la paysanne russe... A la gitane... A l'antillaise..., etc. Au moindre bruit de pas, hop, elles jettent vos précieux carrés en boule dans votre placard et se sauvent dans la salle de bains, sous prétexte de se laver les mains d'un air innocent. Malgré vos cris furieux et la serrure que vous avez fait placer spécialement sur ledit placard. Mais vous oubliez d'enlever la clef. L'Homme, ému par vos plaintes, vous a, un jour, installé une alarme qui se déclenchait automatiquement quand on ouvrait la porte de l'armoire de Barbe-Bleue. Les deux jeunes personnes faillirent mourir de peur. Malheureusement vous aussi, le lendemain, ayant oublié de débrancher l'appareil.

Mais il ne s'agit là que d'une guérilla strictement familiale, et vous ne voyez pas pourquoi la maréchaussée s'en mêlerait.

Vous découvrez que chaque quartier de Paris compte plusieurs commissariats. Ce n'est qu'au troisième que vous apercevez vos deux adolescentes, assises sur un petit banc, serrées l'une contre l'autre, tortillant leurs longs cheveux d'un air piteux. A votre vue elles se lèvent comme des ressorts et se jettent dans vos bras en criant :

— Mamie !... Madame !... On n'a rien fait !

— Comment ça, vous n'avez rien fait ? s'exclame un énorme gorille à côté d'elles, et mon pouce alors ?

Il agite sous votre nez le doigt en question empaqueté dans un gros pansement.

— Si vous n'aviez pas essayé de nous violer, je ne vous aurais pas mordu ! clame Émilie.

— Moi ! ?... Essayé de vous violer ? hoquette d'indignation le monstrueux orang-outang. C'est vous qui avez essayé de violer Dani Le Rocker.

— Ça va pas la tête ? hurle Salomé à son tour. Violer un vieux de quarante ans ! Tiens, ça me ferait mal !...

— Vous êtes quand même ses groupies !

— Nous ? On fait simplement collection d'autographes. On est des groupies de Johnny.

Vous ne comprenez rien à cette histoire et réclamez le commissaire.

Qui ne daigne pas se déranger. Vous auriez dû utiliser votre truc habituel : prétendre que vous êtes la belle-mère du ministre. Tout le monde a peur des belles-mères de ministres, y compris les ministres. Cela marche formidablement bien.

Après des explications agitées avec des policiers divers, la dame-flic de l'accueil, et la menace d'appeler votre avocat « assistant du bâtonnier » (toujours le jeune Gilles), vous arrivez à démêler l'affaire.

Ayant découvert, vous ne savez comment, l'adresse

personnelle de l'idole chantante, Daniiiiiiiiii Le Rocker, Émilie et Salomé s'étaient postées en embuscade à la porte de son immeuble. Et avaient bondi sur lui alors qu'il sortait prudemment, caché par d'immenses lunettes noires. (Cette manie qu'ont les stars de porter d'immenses lunettes noires — y compris la nuit — sous prétexte de se dissimuler aux yeux du petit peuple, vous exaspère : elle attire l'attention mieux qu'une pancarte autour du cou.) Émilie et Salomé voulaient un autographe et un bisou.

Malheureusement, ce jour-là, Daniiiiiiiiii Le Rocker était d'une humeur de chien (peut-être était-il constipé ?). Il fit signe à son garde du corps (l'énorme gorille) de repousser l'assaut de ses jeunes admiratrices. Émilie, furieuse, mordit jusqu'au sang le pouce du Gros Bras. Qui se mit à couiner (le monstre était douillet). Attroupement. Paparazzi. Flics qui embarquèrent tout le monde. Sauf, bien sûr, la star, qui se contenta de distribuer quelques molles signatures à la ronde et de rentrer précipitamment chez lui.

L'énorme gorille blessé voulait porter plainte contre Émilie pour agression et voies de fait.

— Mon pauvre ami, vous allez être ridicule ! constatez-vous aimablement. Un grand, fort et beau gaillard comme vous, avouer avoir été attaqué par une frêle petite jeune fille de 13 ans, c'est la honte ! Vous ne trouverez plus jamais de boulot après cela. Sans compter que Daniiiiiiiiii Le Rocker ne sera pas très content d'avoir son garde du corps accusé de viol.

— Hein ? Quoi ? Mais je n'ai jamais violé vos filles, balbutie le primate.

— Non ! Mais il m'a empoigné le sein, glapit Émilie. C'est pour ça que je l'ai mordu. J'ai bien fait, non, Mamie ?

— Oui, ma chérie. Cela s'appelle « attouchement sexuel », et c'est puni de quelques années de prison...

L'orang-outang roule des yeux affolés.

— Qu'est-ce que c'est que cette salade ?

— Tu ferais mieux de laisser tomber, lui conseille un flic, hilare.

— Ouais, approuve un autre policier. Surtout que le commissaire en a marre de faire sauter vos contraventions à Daniiiiiiiiiii et à toi.

— Et nous, ça fait longtemps qu'on n'a pas eu de places gratos pour tes concerts, intervient un autre membre de la maréchaussée.

L'énorme gorille s'enfuit.

Vous sortez triomphalement du commissariat avec vos deux petites créatures. Mais, passé le coin de la rue, vous explosez :

— La prochaine fois que vous ferez les idiotes à courir derrière un crétin comme Daniiiiiiiiiii Le Rocker, qui n'a même pas daigné vous jeter un regard, je vous laisse au commissariat. Compris ?

Les groupies, honteuses, opinèrent de la tête. Émilie arracha de sa chambre toutes les affiches et posters de son chanteur adoré. Qu'elle remplaça, petit à petit, par de grandes photos de son nouvel amour :

son cheval POTIRON.

Une des satisfactions (secrètes) d'une grand-mère consiste à admirer sa fille — qui vous en a fait voir de toutes les couleurs quand elle était adolescente — affronter à son tour les toquades de sa propre fille atteinte par la puberté.

Le plus délicieux, c'est de l'entendre se plaindre sur votre épaule des lubies de son héritière.

— Elle me rend dingue ! geint-elle.

— Bah ! A son âge, tu me rendais folle, moi aussi.

— MOI ? !... J'étais une vraie petite sainte Thérèse de Lisieux.

— Tu parles ! Une démone, oui.

Elle ne vous croit pas. Elle a oublié.

Un beau matin, Émilie déclara qu'elle voulait monter à cheval et, « quand elle serait grande », diriger un centre équestre avec Salomé. Rien n'était plus beau qu'un équidé !

Elle insista pour remplacer ses leçons de piano par des heures de manège où les petites péronnelles tournaient en rond sur de vieux canassons, sous les ordres d'un adjudant à la retraite autoritaire.

Bientôt les deux cavalières allèrent passer leurs week-ends et une partie de leurs vacances dans un poney-club très chic, dans une lointaine banlieue, près d'une forêt. Provoquant la mauvaise humeur de Fille Aînée, obligée de véhiculer les fifilles, la mère de Salomé ayant platement refusé de « faire le chauffeur de ces demoiselles ».

— Elles n'ont qu'à prendre le train.

Juste.

Malheureusement vous savez (Fille Aînée aussi, vous ayant fait le coup) que l'argent du train servirait à payer des séances de cinéma et des barres de chocolat, et que les deux petites folles feraient du stop.

A 17 ans, vous avez, pouce levé, sillonné la Scandinavie avec votre copine Jeanine.

A 16 ans, Justine a visité l'Italie de la même façon avec sa chère Vanessa, et utilisé les sous que vous leur aviez donnés pour payer leurs déplacements à faire le tour des boîtes de nuit de Rome.

Vous n'avez pas été violée. Elles non plus. Cela ne vous empêche pas — et Justine également — d'interdire à la génération montante d'emprunter un mode de transport dont vous lisez les suites dramatiques dans les journaux.

Assez souvent donc, vous proposez à Fille Aînée d'emmener les donzelles en grande tenue (jodhpurs, bombe noire en velours, chemise Lacoste, bottes de cuir, cravache, le tout ayant coûté une fortune aux papas) à des concours hippiques auxquels vous assistez en rêvant à votre propre adolescence. Quand vous galopiez à bride abattue dans le bled du Sud marocain avec les cavaliers du *caïd* de Tedders, en faisant mine de lancer votre fusil en l'air et de le rattraper en hurlant, comme dans une vraie *fantasia*. Ou que vous trot-

tiez dans les odorantes forêts d'eucalyptus autour de
Rabat-Laguedal et du palais du sultan. Ou sur les
immenses plages, à cette époque désertes, le long de
l'océan.

Vous en gardez un souvenir grisant.

Plus que des leçons d'équitation données pendant les
vacances par votre cher Papa, à cette époque commandant la place d'Alger. Ancien Cadre noir de Saumur. Il
voulait faire de vous un vrai mousquetaire et « pas un
cow-boy de mes fesses ».

Il vous choisissait comme monture un immense
bourrin à l'œil mauvais. Puis, vicieusement, il (votre
Papa, pas le bourrin) glissait une pièce de monnaie
entre votre genou droit et le ventre du cheval. Pièce
que vous deviez lui rapporter après la leçon, prouvant
ainsi que vous n'aviez pas décollé vos cuisses de la sale
bête. Au prix de courbatures épouvantables. Ensuite, à
votre horreur, votre géniteur, si bien élevé par les
Jésuites espagnols, si élégant, si charmant dans les
réceptions coloniales, commençait à gueuler comme
un âne rouge et à vous insulter grossièrement :

— Serre tes cuisses, nom de Dieu !... Ton cul en
avant dans la selle, bordel de merde !... Le dos droit !
Le dos droit !!! Tu as l'air d'un sac de farine effondré...
La prochaine fois, je te donnerai un veau à monter...

Éperdue, vous deveniez violette de honte. Vous per-
diez vos étriers. Et la pièce paternelle, naturellement.
Pour la plus grande joie des petits sous-lieutenants de
votre cher Papa dont la distraction la plus appréciée
consistait à voir la fille du commandant se faire inju-
rier comme du poisson pourri.

Une fois, vous êtes tombée, à la jubilation de votre
carne qui, vous le sentiez bien, vous méprisait.

— Remonte ! Remonte immédiatement ! hurla l'auteur de vos jours.

— Je me suis tordu la cheville, mentez-vous en faisant mine de boiter bas.

Votre cher Papa, dégoûté de votre absence de qualités cavalières, abandonna votre éducation hippique. Et
vous laissa en paix vous livrer avec ardeur à votre véri-

table passion : abattre à la fronde quelques-unes des
centaines de grenouilles qui coassaient dans l'oued, et
les rapporter pour le déjeuner (Eh oui, Madame
Bardot ! C'est délicieux les cuisses de grenouilles frot-
tées d'ail et d'huile d'olive, parsemées de persil et
grillées doucement en brochette sur la braise).

Bien que vous ne soyez pas très observatrice (et
même pas du tout), vous remarquez au bout d'un an un
certain relâchement dans la passion équestre d'Émilie.
Le dimanche, elle reste à Paris « pour se promener avec
Salomé ».
   — Et où ça, vous vous promenez ?
   — Ben ... dans les rues.
   — Dans quelles rues ?
   — Ben ... au hasard.
Vous n'en croyez pas un mot. Vous n'avez jamais
entendu parler d'adolescentes se promenant « au
hasard » dans les rues de Paris. Émilie prétend alors
aller au Trocadéro avec les rollers que vous lui avez
offerts pour Noël. Ce qui vous surprend le plus, c'est le
nombre de petites cochonneries en toc (boucles
d'oreilles, bagues, colliers, bracelets, bracelets de che-
villes) dont elle se pare telle une icône, pour se livrer à
ce sport assez rapide.
   Et puis, patatras, vous rencontrez votre copine Ida.
   — Tiens ! j'ai aperçu ta petite-fille dans le métro,
vous apprend-elle gaiement. Elle faisait la manche sur
la ligne Neuilly-Vincennes, avec un jeune gitan qui
grattait une guitare.
   Vous voilà effondrée.
   Que faire ?
   Prévenir Fille Aînée ? Conséquence : une tragédie
grecque et l'envoi immédiat d'Émilie comme pension-
naire au Lycée français Beausoleil de Villars-sur-Ollon,
Suisse. Résultat : votre petite-fille vous haïra pendant
dix ans.
   Garder le silence ? Risque : l'idylle s'épanouit. Émilie
s'enfuit en roulotte avec la tribu de son amoureux.
C'est arrivé à une de vos amies qui n'a récupéré sa fille

que trois ans plus tard. Celle-ci avait fait le tour de l'Europe centrale et de l'Égypte, et mis au monde deux petits *roms* tsiganes.

Parler cœur à cœur avec Émilie. Danger : l'adolescente se met en colère, vous envoie promener : « Je sais ce que je fais, Mamie, je suis assez grande ! » ou « Je l'êêêêêême, Mamie. C'est un musicien génial. Il va devenir célèbre, et tu seras fière de lui »...

Vous demandez conseil à Melchior.

— C'est tout simple, remarque-t-il en passant sa patte derrière son oreille (risque de pluie). Tu offres à ta jeune folle un séjour de deux mois de vacances dans un camp de sport aux États-Unis. Elle tombe amoureuse d'un immense basketteur américain et oublie son gitan. Après, on avisera comment se débarrasser du basketteur...

... En l'envoyant aux Glénans (Émilie, pas le basketteur américain) faire du bateau et s'amouracher d'un beau matelot breton aux yeux bleus, avec qui elle décide de tenir une pizzeria sur la plage de Plou-les-Marées...

... L'expédier alors immédiatement à Megève skier sous la houlette d'un jeune moniteur magnifiquement bronzé...

Etc.

Ça coûte cher, les amours des demoiselles.

Chapitre V

La passion d'Attila

> *Quand l'Amour n'attend pas*
> *le nombre des années.*

Déjeuner familial dominical.

— Mon trésor, tu veux bien aller chercher le pain à la cuisine ? demandez-vous aimablement à Attila.

A votre surprise, votre petit-fils saute de sa chaise d'un air ravi.

— Tout de suite, mon petit cœur !

Il ajoute joyeusement :

— Combien tu me donnes ?

— Comment ça : « Combien je te donne » ?

— Maman dit que tout travail mérite salaire. Elle me file 10 francs si je fais mon lit et range bien ma chambre avant d'aller à l'école.

Fille Aînée rit d'un air gêné.

— Mais c'est moi qui suis allée acheter le pain, observez-vous. Combien tu vas me donner, toi, pour le morceau que tu vas manger ?

— Rien du tout ! s'exclame Attila, parce que je ne mangerai pas de pain. Je te propose 7 francs pour le rapporter de la cuisine.

— 7 francs c'est trop cher. Cinq francs ?

— OK.

Enchanté de cette discussion financière digne du souk de Marrakech, votre petit-fils fonce vers la cuisine en faisant l'avion.

— Tu éduques ton fils pour en faire un capitaliste de choc ? demandez-vous à Justine.

— Pas du tout. Je ne sais pas ce qui se passe dans sa tête. Depuis quelque temps, il réclame des sous pour tous les petits services qu'on lui demande : 5 francs pour mettre le couvert, 5 francs pour desservir, 7 francs pour descendre la poubelle, 10 francs pour passer l'aspirateur, etc. Je me demande si une femme de ménage ne me coûterait pas moins cher.

Attila revient, tenant fièrement la corbeille de pain sur sa tête, à l'africaine.

— Pourquoi as-tu tellement besoin d'argent ? l'interrogez-vous avec curiosité. J'espère que tu ne joues pas aux courses !

— Oh non, Mamie !... C'est un secret.

— Même pour moi ?

Il a un élan d'affection.

— Oh non ! Pas pour toi, Mamie !

Cet accès de tendresse vous chavire l'âme.

— Alors, viens me le dire dans le creux de l'oreille (à la ronde :) Et que personne n'écoute !

Le reste de votre petite famille met joyeusement les mains sur les ouïes.

Attila vous chuchote alors :

— Je veux me marier.

Votre cœur bat comme celui d'une jeune fille. Qui un petit garçon de 7 ans rêve-t-il d'épouser, sinon sa grand-mère ? Vous jetez un coup d'œil à Justine. Elle a écouté, la monstresse, et sourit aux anges. Elle, aussi, croit qu'elle est l'élue.

Attila proclame à voix haute :

— Je vais épouser Fleur.

— C'est une petite copine de ta classe ? demandez-vous avec humeur.

— Non. Ma maîtresse d'école. J'en suis fou.

— Cela explique peut-être que tu aies d'aussi excellentes appréciations en classe, remarque acidement sa mère, et que tu te précipites sur tes devoirs dès que tu rentres à la maison.

Attila sourit d'un air malicieux.

Vous questionnez, amusée :

— Et l'argent ? J'espère que tu ne la payes pas pour avoir de bonnes notes...

— Pas du tout ! répond, indigné, votre petit-fils. Je lui offre des petits bouquets de fleurs ou des éclairs au café. Elle adore les éclairs au café.

— Elle va grossir, remarque Lilibelle toujours obsédée par les régimes.

— Bravo ! tu es un galant jeune homme, approuve Grand-Papa Jules. Il faut toujours offrir des cadeaux aux dames.

Attila se tourne vers son père.

— Papa, à quel âge on peut se marier ?

— A 18 ans, je crois, pour les garçons et 15 ans passés pour les filles, marmonne Monsieur Gendre n° 2. Mais, je t'en prie, passe ton bac d'abord.

Monsieur Gendre n° 2 est assez conformiste.

— Est-ce que tu as fait part de tes intentions à Mademoiselle Fleur ? s'enquiert l'Homme très sérieusement.

— Ben... c'est-à-dire que..., hésite Attila, je l'appelle « ma petite fiancée ».

— Et alors ?

— Elle rit, et elle dit que j'ai le temps de changer d'avis. Mais je ne changerai pas d'avis. C'est la femme de ma vie.

— D'où tu tires cette belle expression ? vous étonnez-vous.

— Mon copain Vincent qui l'a entendue à la télé, dans un film d'amour terrible.

— Moi, à ton âge, j'étais éperdument amoureuse de mon professeur de piano, avoue Lilibelle. Il avait une moustache follement distinguée.

— Comment ça a fini ? questionne le contre-amiral.

— Ce salaud a dit à mes parents que je n'avais aucun talent pour le piano, et il a disparu. J'ai pleuré ! J'ai pleuré !

Tout le monde se met à raconter en même temps ses amours enfantines, et l'on oublie le jeune fiancé.

Mais lui ne néglige pas, en vous quittant après le déjeuner, de réclamer ses 5 francs (pour le pain), plus

5 francs pour avoir servi le café, plus 5 francs pour avoir desservi le couvert, égale 15 francs. Zut ! vous n'avez pas de monnaie. Votre petit-fils accepte de se contenter d'une reconnaissance de dette que vous signez et datez consciencieusement.

Et remboursez le dimanche suivant. Plus 5 francs pour avoir mis le couvert, plus 5 francs pour l'avoir desservi, plus 20 francs pour avoir nettoyé les vitres de votre chambre. Total : 45 francs. Vous arrondissez généreusement à 50, et tendez un billet à l'amoureux de Mademoiselle Fleur. Il vous embrasse, enchanté.

Quelques semaines plus tard.

Vous passez devant la boutique de fringues de Fille Aînée et entrez pour bavarder. Elle tente de décourager une cliente de taille 44 d'acheter un ravissant petit tailleur, taille 38, lui conseillant plutôt une liquette L. Mais la dame tient à son tailleur 38, et part boudinée à en faire éclater les boutons.

— Tu as cinq minutes pour boire un café avec moi ?

— Avec plaisir. Il n'y a pas trop de monde. (Justine se tourne vers sa vendeuse :) Valérie, je vous laisse la boutique quelques instants. Attention aux clientes kleptos. (A vous :)Plus elles sont riches, plus elles sont kleptos.

Au bistrot d'en face.

Vous adorez ces petits moments d'intimité en tête à tête avec Fille Aînée, généralement encombrée de son compagnon et d'un ou plusieurs de ses trois enfants.

— Tout va bien chez toi ?

— Ouais. Sauf Attila qui me cause du souci.

— Il est malade ?

— Dans un sens, oui. Il se meurt toujours d'amour pour sa Mademoiselle Fleur. Et il a entrepris de gagner du fric sur une grande échelle. Il fait les courses des voisins. Il lave le trottoir pour la concierge. Il livre le journal et les croissants, le dimanche, à tout l'immeuble. Il cire les chaussures du quartier...

— C'est fabuleux ! Tu n'as pas à t'inquiéter pour son

avenir. Voilà un garçon qui saura toujours gagner sa vie.

— En attendant, il fait ses devoirs la nuit, et tombe de sommeil le matin. J'en ai marre de cette Mademoiselle Fleur.

— Bah ! ne t'en fais pas trop. L'année prochaine, ton petit Don Juan fera la cour à une nouvelle institutrice.

— Tu veux dire que, jusqu'à son bac, je vais traîner un amoureux de ces demoiselles de l'Éducation nationale ? Je donne ma démission tout de suite.

Vous éclatez de rire toutes les deux.

Le lendemain, 13 heures.

Vous déjeunez d'un Slimfast au chocolat sous prétexte de régime. En fait, vous adorez cela et, comble de bonheur, la préparation du « repas » vous prend exactement deux minutes. En sirotant doucement votre verre, vous regardez le JT.

BIP-BIP ... BIP-BIP ...

— Pour téléphoner pile à l'heure des titres des infos, je te parie une boîte de thon que c'est Petite Chérie ! dites-vous à Melchior.

BIP-BIP ... BIP-BIP ...

Vous avez perdu une boîte de thon.

— Allo ? Mademoiselle Perrot à l'appareil, vous annonce une jeune voix féminine.

— Je ne connais pas de Mademoiselle Perrot, c'est une erreur, grognez-vous en essayant de continuer à écouter les infos.

— Peut-être avez-vous entendu parler de moi sous le nom de Mademoiselle Fleur ? Je suis l'institutrice d'Attila.

— Ah, parfaitement !

Vous éteignez la télé.

— Il y a un drame ?

— Pas tout à fait. Mais je voudrais venir vous voir ... en secret !

— Quand voulez-vous ?

— Maintenant, si cela ne vous dérange pas trop. Je suis en bas de chez vous.

Mademoiselle Fleur est charmante. Attila a bon goût. Elle s'assied d'un air embarrassé sur le bord de votre canapé, sort de sa poche un morceau de papier de soie tout froissé, vous le tend.

— Je m'adresse à vous parce que j'aimerais qu'Attila ne soit pas trop puni par ses parents.

Vous dépiautez. Une bague apparaît.

— Je crains que ce soit un rubis appartenant à votre fille, reprend la jeune maîtresse d'école en baissant les yeux. Votre petit-fils me l'a offerte en gage de « fiançailles officielles »... Je suis désolée !

Oh ! là ! là !... Vous aussi !

Pourquoi les emmerdements sont-ils toujours pour vous dans cette vie ? L'idée vous traverse l'esprit de vous enfuir aux Maldives et de renvoyer son bijou à Fille Aînée par la poste. *« De la part de quelqu'un qui vous veut du bien »*. Vous envisagez avec délices d'être étendue, à des milliers de kilomètres, sur une plage de sable fin, à l'ombre d'un cocotier, un verre de jus d'orange à la main, pendant le tumulte familial que vous prévoyez.

Mademoiselle Fleur brise votre rêve.

— J'avais pensé que ... heu ... vous pourriez remettre la bague en douce à sa place. Je me rends compte que c'est assez lâche de ma part, mais...

— En effet ! vous exclamez-vous. Attila est quand même un vilain petit voleur. S'il prend l'habitude de piquer les bijoux de sa mère chaque fois qu'il est amoureux, où allons-nous ?...

— Je sais ! Je sais ! Je suis atterrée. Il prend toute cette histoire tellement au sérieux. Je lui ai expliqué cent fois que ce n'était pas possible. J'ai « rompu » à de nombreuses reprises. Mais cela le met dans un tel état que j'en ai pitié. Je ne sais pas quoi faire. C'est la première fois que je me trouve dans une telle situation. Je vous supplie de me croire.

— Je vous crois, assurez-vous, émue. Peut-être pourrions-nous demander conseil à la psychologue de l'école ?

Le visage de l'institutrice de votre petit-fils se ferme.

— C'est une sotte ! révèle-t-elle froidement. Cette histoire la fait rire. Elle est persuadée qu'Attila joue la comédie. Et que moi aussi.

Elle semble si bouleversée qu'une idée folle vous traverse la tête.

— Vous n'êtes pas amoureuse de mon petit-fils par hasard ? demandez-vous en riant.

Mademoiselle Fleur rit à son tour.

— Non. Mais je l'aime comme si c'était mon petit garçon à moi. Il est tellement charmant et tendre.

L'évocation d'un Attila charmant et tendre vous laisse rêveuse. L'amour fait vraiment des miracles, même à 7 ans.

Mademoiselle Fleur se tortille d'un air gêné sur votre canapé.

— Autre complication : ... heu ... je vis avec un compagnon, et nous nous entendons très bien. Excepté que je lui interdis de venir me chercher à l'école à cause d'Attila qui est jaloux comme un tigre. Il lui a déjà crevé les roues de sa moto avec un cutter.

Elle se lève brusquement.

— Il faut que je me sauve. Je suis déjà en retard pour la classe.

Vous lui promettez que vous allez remettre en douce la bague de Justine à sa place. Et demander conseil à votre « psy bien-aimé », ange gardien de votre famille. Vous vous séparez en vous embrassant. Ne fait-elle pas un peu partie de la famille par le cœur ?

Au téléphone, « Psy bien-aimé » prend une voix soucieuse.

— Cela peut être plus sérieux qu'on ne croit, les amours d'enfant. Il faut que nous parlions. Demandez un rendez-vous urgent à ma secrétaire et, en attendant, lisez *Quand j'avais 5 ans, je m'ai tué* d'Howard Buten.

Charmante perspective. D'autant plus que la secrétaire de « Psy bien-aimé », pourtant votre amie, vous jure qu'il n'a pas une minute de libre, « en urgence et parce que c'est vous ! », avant quinze jours. A minuit.

« Mais je dors, à minuit ! », criez-vous. « Je sais », se lamente Isabelle, « mais il y a une épidémie de dépressions en ce moment, et le docteur est sur le pont tous les jours jusqu'à une heure du matin ».

En attendant, vous attirez Attila chez vous, un mercredi après-midi. Sous prétexte de nettoyer les vitres de votre bureau pour la somme époustouflante de 30 francs. Il accourt.

Mais avant qu'il ne grimpe sur son escabeau, la bouteille de Nettoie-Vitres à la main, vous vous asseyez à votre table de travail et vous remarquez d'un ton glacial — qui avait le don de terroriser vos deux filles quand elles étaient petites :

— Alors, maintenant, tu voles ?

Il ouvre de grands yeux innocents.

— Moi ? J'ai volé quoi ?

Vous brandissez le rubis de Fille Aînée.

— La bague de ta mère.

— Mais elle est à moi !

— Comment ça, elle est à toi ?

— Ben oui. Maman m'a toujours dit qu'elle la gardait pour que je la donne à ma fiancée. Son anneau en diamants est pour Matthias, et celui avec une émeraude pour Émilie.

Vous voilà coincée.

— Admettons. Mais pourquoi l'as-tu prise en cachette, sans la lui demander ?

Votre petit-fils croise les bras d'un air farouche.

— Parce que j'étais sûr que ça ferait un ramdam. Elle ne veut pas croire que j'aime Mademoiselle Fleur et que je suis fiancé avec elle.

— Moi, je le crois, dites-vous doucement. Mais Mademoiselle Fleur, elle, ne peut pas aimer un petit garçon qui vole les bijoux de sa maman.

Attila prend un air buté.

— Elle est à moi, la bague !

— Non. Elle est pour toi quand tu seras plus grand. Ce n'est pas la même chose. Tu vas me faire le plaisir de la remettre où tu l'as prise sans que ta mère s'en aperçoive.

— Non.

Il y eut un silence terrible.

Vous pressentez que votre tête de pioche de petit-fils préfère avaler son Nettoie-Vitres plutôt que de céder.

C'est vous qui cédez.

— Bon. Je vais le faire à ta place. Toi, tu rentres chez toi. Je ne veux plus te voir.

Attila devient cramoisi, et sort, la tête haute, l'œil noir furieux comme un taureau Miura, les lèvres pincées, sans un regard pour vous.

Le lendemain après-midi.

Profitant de l'absence de Justine — à sa boutique —, de Monsieur Gendre n° 2 — à son cabinet de dentiste —, des enfants — à l'école —, vous allez emprunter à la concierge de l'immeuble la clef de l'appartement. Sous le prétexte vague de prendre les mesures des fenêtres pour offrir des rideaux neufs à votre fille.

Une fois dans la chambre conjugale, vous ouvrez le tiroir secret du bureau qui a été le vôtre avant que vous le donniez à Fille Aînée.

Et vous remettez la bague d'Attila.

Une envie de jouer comme une gamine s'empare de vous et vous essayez tous les bijoux dans le tiroir. L'anneau en diamants de Matthias orne particulièrement bien votre index (Vous avez toujours rêvé de porter une bague à votre index, mais l'Homme s'y est violemment opposé, prétendant que cela faisait faussement chic. En fait, votre époux chéri est contre les bijoux et, pour les naissances de vos filles, il vous a offert des tracteurs [un petit à chenillettes, puis un gros de 60 CV] pour la Micoulette. Pas le moindre petit diamant. Quand vous l'avez réclamé, il a levé les yeux au ciel et s'est exclamé : « Ce que tu es bourgeoise ! ». Rien eu à faire. Vous êtes une bourgeoise agricole, mariée, avec tracteurs mais sans diamant).

La porte de la chambre s'ouvre à toute volée. Fille Aînée entre.

Stupéfaite.

— ... que tu fais là ? Et c'est quoi, cette histoire de rideaux que m'a racontée la concierge ? J'adore mes rideaux !... ... veux pas en changer !

Vous êtes transformée en statue frappée par la foudre.

Comment expliquer à Justine que :

1) vous avez menti à la concierge, alors que vous avez seriné à vos filles pendant toute leur enfance : « le mensonge est un abominable défaut ».

2) vous vous êtes glissée chez elle pour farfouiller dans ses bijoux.

Vous racontez n'importe quoi.

— J'ai vu chez Chanel une ravissante bague en onyx blanc ... heu ... qui ... t'irait très bien, et je suis passée regarder le gabarit de tes doigts.

Fille Aînée vous saute au cou.

— Tu es un amour, ma Maman !

Vous lui rendez ses baisers du bout des lèvres. Vous êtes effondrée. Vous avez bien admiré la bague en question, mais ... pour vous ! Et vous avez reculé devant le prix !

Une parole est une parole. Vous foncez chez Chanel en maudissant les amours d'Attila qui vident votre Compte Épargne.

Du coup, Justine vous invite à dîner chez elle et prépare un de vos plats favoris : le rôti d'agneau de lait des Pyrénées au gratin dauphinois.

— Tu es gâtée, déclare l'Homme. Ce n'est pas pour moi que notre fille cuisinerait un canard au sang.

— Si ! déclare Justine. Offre-moi un somptueux bijou, comme Maman.

— Cela me reviendrait moins cher de vous inviter tous à souper à *La Tour d'argent*.

— Chiche !

Vous remarquez alors l'absence d'Attila.

— Il n'a pas quitté son lit depuis deux jours, explique sa mère. Je suis embêtée. Il n'a pas de fièvre. Je ne sais pas ce qu'il a.

Vous, si : une dépression.

— Peut-être que ses amours avec Mademoiselle Fleur se passent mal, glousse cette vipère d'Émilie.

— Toi, tais-toi ! ordonnez-vous à votre petite-fille. Quand on a été une groupie exaltée de ce crétin de Daniiiiiiiiiiiii Le Rocker, on ne se moque pas des autres.

Émilie baisse le nez dans son assiette.

Vous vous levez, et demandez poliment à Fille Aînée la permission d'aller embrasser Attila quelques minutes.

Il est enfoui dans son lit. Quelques mèches blondes dépassent du drap. Vous le soulevez doucement.

Le visage de votre petit-fils est inondé de larmes.

— Ne pleure plus, mon trésor, murmurez-vous tendrement. C'est arrangé, cette histoire de bague.

Attila éclate en gros sanglots.

— Ce n'est pas à cause de la bague.

— Alors... pourquoi ?

— Mademoiselle Fleur vit avec un autre garçon. Un vieux. Et il veut l'épouser.

— Ah bon ! Et quel âge il a, ce vieux ?

— Au moins 25 ans.

— C'est très vieux, en effet. Mais, mon chéri, en amour, on ne pleure pas. On se bat. Va lui parler à ce type. D'homme à homme. Dis-lui que tu comptes aussi épouser Mademoiselle Fleur dans... heu... onze ans. Peut-être que lui ne voudra pas attendre si longtemps.

Attila hoche gravement la tête.

Deux jours plus tard. Sept heures du soir.

BIP-BIP ... BIP-BIP ...

Fille Aînée dans tous ses états.

— Attila a disparu. Il n'est pas rentré de l'école. Il n'est pas chez toi, par hasard ?

— Non. Désolée. Tu as appelé le proviseur ?

— Il n'y a plus personne.

— Tu as fait le tour de ses copains ?

— Oui, évidemment. Il n'est nulle part. Il a fugué... Ou il a été enlevé par un salaud de pédophile !...

— Mais non. Il est trop malin pour ça. Calme-toi. Tu as téléphoné à son institutrice, Mademoiselle Fleur ?

— Je ne sais même pas son nom de famille, ni où elle habite.

— Moi, peut-être... Je te rappelle.

Malgré les sarcasmes de Petite Chérie, vous ne savez toujours pas vous servir du Minitel. Mais dans le brave gros annuaire en papier, tout simplement, vous trouvez le numéro de téléphone de Mademoiselle Fleur Perrot.

Elle est chez elle. Vous lui expliquez la situation.

— Il n'est pas ici, non plus, gémit-elle. C'est affreux ! Pourvu qu'il n'ait pas fait une bêtise !

— Vous avez regardé sur votre paillasson ?

— J'y vais.

Elle revient au bout de cinq minutes qui vous paraissent durer cinq siècles.

— Il est assis dans mon escalier ! Il ne veut pas rentrer, ni chez moi, ni chez lui, avant d'avoir parlé « d'homme à homme » avec mon compagnon. Qui vient d'arriver. Ils descendent tous les deux boire un Coca aux *Hortensias*.

— C'est quoi, *Les Hortensias* ?

— Le café du coin.

— Parfait ! Pouvez-vous le ramener quand cette réunion au sommet sera terminée ?

— Bien sûr !

Vous rappelez Fille Aînée et la rassurez. Son petit garçon est en train de parler « d'homme à homme » aux *Hortensias*, en buvant un Coca, avec le compagnon de son institutrice qui le ramènera quand l'armistice sera signé.

— Ras le bol de cette histoire ! crie Justine. Je vais le changer d'école et basta !

— Mais non. Ce n'est plus la peine.

Vous ne saurez jamais ce que se dirent, « d'homme à homme », aux *Hortensias*, le futur époux de Mademoiselle Perrot et votre petit-fils. Ils devinrent amis. Non seulement Attila ne découpe plus au cutter les pneus de la moto de son nouveau copain, mais il participe à de nombreuses balades sur la grosse Kawasaki 500, bien serré entre Fleur et Richard. Ils allèrent même passer tous les trois une journée à Disney World. La passion fiévreuse de votre petit-fils s'atténua doucement. Il retrouva son entrain.

Une petite fille blonde de sa classe, Béatrice, tomba amoureuse de lui et lui écrivit un billet qu'il vous fit lire :

« Attila, tu es bo et je tème. »

— C'est une gosse ! commenta Attila avec indulgence.

En attendant que Béatrice grandisse, il arrêta ses petits boulots et Melchior vous fit remarquer que les vitres de votre bureau étaient de plus en plus sales.

On ne peut pas tout avoir à la fois, dans la vie.

DEUXIÈME PARTIE

L'amour est mêlé de miel et de fiel.

PLAUTE.

Chapitre VI

Mal d'amour

> *La jalousie est cruelle comme l'enfer*
> *et ses ardeurs sont des ardeurs de feu.*
>
> Le Cantique des Cantiques.

Au début du printemps, une épidémie s'abattit sur votre famille.

La pandémie de la jalousie.

« *La sombre jalousie au teint pâle et livide* » (Voltaire).

Ô surprise, la maladie attaqua d'abord Grand-Papa Jules.

Pourtant, tout semblait aller pour le mieux dans le couple de vos patriarches. Lilibelle était couverte de fleurs et de menus cadeaux, ce que vous ne manquiez pas de souligner acidement à votre époux qui faisait semblant de ne pas comprendre.

Le contre-amiral surgit chez vous un après-midi, sous prétexte de vous emprunter un livre, pendant que Lilibelle était une fois de plus chez son coiffeur (pardon : son « artiste capillaire »).

Dès l'entrée, vous lui trouvez la moustache en berne. (Grand-Papa Jules, pas l'artiste capillaire).

— Vous allez bien ? demandez-vous, un peu inquiète.

S'il lui arrivait la moindre chose, votre belle-mère ferait un tapage qui s'entendrait jusqu'au ministère de la Marine.

— ... Rhumatismes ! grogne-t-il.

L'aveu survint alors qu'il met à sac nerveusement votre bibliothèque.

— Lilibelle me trompe !

— Pardon ?

— Lilibelle me trompe !

— Je ne vous crois pas !

— Elle prend comme partenaire au bridge un ancien directeur du Crédit Lyonnais, un bougre de crétin prétentieux, à qui elle n'arrête pas de faire les yeux doux. Aux repas, elle s'assied à côté de lui et lui demande s'il veut du pain avec des mines langoureuses. Cela me rend fou.

Vous éclatez de rire. Sacrée Lilibelle !

— Mais c'est pour vous rendre jaloux ! Toutes les femmes un peu coquettes font cela. En fait, elle vous adore.

Grand-Papa Jules se met alors à bredouiller avec volubilité. Son dentier a du mal à suivre. Vous ne comprenez rien à son discours. La vérité finit par pénétrer dans votre cervelle, vous laissant les yeux ronds et la bouche ouverte de stupeur.

Avant de tomber amoureux de Lilibelle, ce coquin de Grand-Papa Jules avait une maîtresse.

De 76 ans.

Si, si ! De 76 ans !...

La vieille dame n'avait pas supporté le mariage de son amant. Elle laissait des messages enflammés sur son répondeur : « Jules, tu me manques ! », « Mon chéri, je t'aimerai toujours ! », etc. Venait lui faire des scènes *Aux Clématites sauvages*. Insultait Lilibelle (« Péripatéticienne ! ») qui lui répondait vertement (« Vieille grue ! »). Une fois, les deux vétustes *ladies* s'étaient battues dans la rue à coups de sac. Votre belle-mère avait arraché et piétiné dans le ruisseau la toque de faux vison de sa rivale.

Vous n'en revenez pas. Vous aviez toujours cru, jusqu'à maintenant, que la violence de la passion amoureuse était l'apanage des jeunes couples.

— C'est pour cela que nous sommes allés nous marier à Las Vegas. Pour éviter que Clara ne fasse un esclandre à la mairie, explique le contre-amiral qui venait, toute honte bue, vous demander un conseil :

Comment se débarrasser de Clara ?

Vous suggérez de l'étrangler, de l'étouffer sous son oreiller, de verser de l'arsenic dans son tilleul, de la noyer dans le lac du bois de Boulogne lors d'une partie de canotage, de...

— Est-elle pieuse ?

— En vieillissant, nous redevenons tous pieux, répond Grand-Papa Jules avec cynisme.

— Allez trouver le curé de sa paroisse, et demandez-lui de la sermonner et de la menacer de l'enfer pour péché contre le 10ᵉ commandement : « Tu ne convoiteras pas le mari de ta voisine. »

— Bonne idée ! s'exclame le mari de Lilibelle.

Il vous saisit les mains qu'il presse chaleureusement entre les siennes.

— Vous savez, ma petite fille (cela faisait longtemps qu'on ne vous avait pas appelée « ma petite fille », vous trouvez cela exquis), votre belle-mère est merveilleuse. D'une bonté, d'une douceur, d'une charité...

Ce ne sont pas les qualificatifs qui vous viennent à l'esprit lorsque vous pensez à la mère de l'Homme. Vous n'êtes pas au bout de vos surprises.

— Figurez-vous, reprend Grand-Papa Jules avec émotion, qu'un jour sur deux, Lilibelle promène Aude dans son fauteuil roulant au parc Monceau.

Aude ?... Allons bon ! Une autre maîtresse ? Le contre-amiral est-il un des derniers Don Juan de la Marine française ? (Une femme dans chaque port, ou, plutôt, dans chaque quartier ?)

Il devine votre étonnement.

— Aude est mon ex-femme. Nous sommes restés en très bons termes malgré notre divorce et nos salauds de fils. J'avais l'habitude de lui faire faire une petite sortie tous les jours. Lilibelle et elle sont devenues de vraies amies, et votre belle-mère me remplace un jour sur deux. Elle l'emmène aussi chez son coiffeur. Et nous allons souvent au restaurant tous les trois.

Vous étiez loin de vous douter que les amours des ancêtres pouvaient être aussi tumultueuses, passion-nées et affectueuses à la fois. Les préjugés veulent que les sentiments, dans un couple, commencent par la passion et se transforment avec l'âge en indifférence ou même en hostilité.

Vous découvrez que ce n'est pas (toujours) vrai.

Quelle chance !

Vous avez encore un bel avenir amoureux devant vous.

Peut-être.

Quant à Clara, le coup du curé dut réussir, car Grand-Papa Jules ne vous en parla plus. Juste un clin d'œil coquin au déjeuner d'un dimanche suivant où — à l'étonnement de tout le monde, sauf du vôtre — il se lança dans un éloge dithyrambique sur l'Église catholique, apostolique et romaine, qui « conseille si charitablement ses enfants pour leur plus grand bien et la paix de leur cœur ».

Ce dimanche-là, Fille Aîné débarque, comme d'habitude, avec ses longs cheveux blonds de sirène, ses ravissants yeux verts, son sourire joyeux, ses trois enfants, et Monsieur Gendre n° 2. Et se met à préparer le gigot pour le déjeuner. On sait que vos talents culinaires s'arrêtent aux pâtes un peu collantes et aux œufs sur le plat. (Déjà les œufs à la coque vous posent des problèmes : vous avez beau ne pas quitter le sablier des yeux, ils — les œufs — émergent de la casserole ou pas assez cuits, ou durs.) A votre grave défaillance ménagère deux raisons. Vous avez toujours travaillé et vous n'avez jamais eu le temps d'apprendre l'art de cuisiner. Et vous préférez lire en avalant un sandwich que de mitonner une blanquette de veau. C'est une des raisons de votre amour éperdu pour l'Homme : il ne s'est jamais plaint !

En passant dans le couloir pour aller chercher une bouteille bien fraîche de blanquette de Limoux — apéritif sacré du Jour du Seigneur —, vous passez devant les toilettes d'où, à votre grande surprise, une voix irritée s'échappe.

— Ça va péter, Raoul ! Ça va péter !... Moi, je parle

dans l'intérêt des enfants ... Si ! je t'écoute. Je ne fais
que ça ! ... Parfaitement, je peux parler en t'écoutant ...

Sur son portable, Justine est en train de se disputer
une fois de plus avec l'ex-Monsieur Gendre n° 1, le père
de ses deux aînés : Matthias et Émilie. Depuis son
divorce, voici huit ans, elle poursuit une incessante
bagarre avec lui.

Dix minutes plus tard elle entre en trombe dans la
cuisine où vous êtes en train de contempler le gigot
avec inquiétude en vous demandant ce qu'il fallait en
faire. Ses yeux (ceux de Justine, pas du gigot) lancent
des éclairs.

— Sa pétasse attend un chiard !

Vous traduisez : la deuxième femme de Monsieur
Gendre n° 1 — qui vient de se remarier précipitamment — est enceinte.

Ça, vous l'attendiez ! Au dernier anniversaire, vous
avez aperçu la jeune Odile et vu briller dans ses yeux
une jalousie féroce à l'égard de votre fille et de ses deux
enfants aînés que Monsieur Gendre n° 1 adore. Vous
devez ajouter que Justine la déteste en retour, et n'a
aucun scrupule à étaler triomphalement son rang
de Première Épouse, et de Mère des Héritiers de la
Couronne. En fait, vous soupçonnez Fille Aînée
d'être encore un peu amoureuse de son ex, dans un
repli secret de son cœur... bien qu'elle semble chérir
Monsieur Gendre n° 2 qui, lui, l'idolâtre. Les rapports
amoureux sont rarement simples.

Un jour où vous la taquiniez à ce sujet, elle s'est mise
dans une colère noire, vous accusant d'avoir toujours
préféré Monsieur Gendre n° 1 à Monsieur Gendre n° 2.
Vous avez nié furieusement bien que ce soit un peu
vrai. Monsieur Gendre n° 1 vous a plus fait rire que
Monsieur Gendre n° 2, et vous avez conservé un petit
faible pour lui. Tout en reconnaissant qu'il avait un
caractère de cochon, et qu'il draguait le moindre jupon.

Pendant que Justine est en train de larder le gigot de
gousses d'ail, vous tentez de calmer ce que vous soupçonnez être de la jalousie pure et simple.

— Raoul est un très bon père. Je ne pense pas qu'un nouvel enfant l'empêchera d'aimer autant Matthias et Émilie.

— Tu parles, Charles ! Il veut déjà diminuer leurs pensions sous prétexte qu'il va avoir de nouvelles charges de famille.

— Je suis sûre que c'est illégal. C'est sa bonne femme qui le pousse.

— Elle me hait. Elle s'est plainte à Raoul que je téléphonais trop souvent. Ça la tue ! Si tu entendais son ton sec quand elle répond et qu'elle fait semblant de ne pas reconnaître ma voix : « C'est de la part de quiiiiiiii ? ...... Ah, c'est vouououououous ! Je vais voir s'il peut vous parler... » Alors moi, pour l'emmerder, mielleuse, je dis : « C'est pour le remercier du somptueux bouquet de fleurs qu'il m'a envoyé pour ma fêêêêêêêête ! » Folle de rage, bing !... elle jette le téléphone par terre pour m'éclater le tympan. Mais j'ai prévu le coup et je tiens mon mobile à un mètre de mon oreille.

— C'est vrai, cette histoire de fleurs ?

— Bien sûr que non ! Même quand on était mariés !... Alors, je me venge : le salaud se tape une scène d'une heure ! Qu'est-ce que je rigole !

Vous prenez un ton sévère, alors que vous avez envie de pouffer de rire vous aussi :

— Chérie, ce n'est pas bien...

— Peut-être. Mais tu crois que c'est bien quand la pétasse m'appelle d'une voix un peu minaudière : « Nous ne pourrons pas prendre les enfants samedi prochain, parce que c'est l'anniversaire de notre première rencontre, et Raoul veut ab-so-lu-ment m'emmener en amoureux à Honfleur ! Je suis désoléééééééeee... »

— Comment est-elle avec Matthias et Émilie ?

— Doucereuse. Pour plaire à son mec ! Mais je te parie que, maintenant que Madame attend son propre lardon, ça va changer.

BIP-BIP ... BIP-BIP ...

— C'est ton téléphone, dites-vous. Moi, j'ai débranché le mien ce matin pour ne pas répondre chaque fois qu'un des CINQ portables de la tribu sonne.

— Mais je ne sais pas où je l'ai posé..., gémit Fille Aînée. Je ne le vois nulle part.

BIP-BIP ... BIP-BIP ...
— Peut-être dans le four, avec le gigot ? suggérez-vous.

Non. Sous le tas d'épluchures des pommes de terre.

Justine décroche. Lève les yeux au ciel.

— Allô ? ... Ah ! C'est encore toi, Raoul ! ... Quoi ? Tu ne peux pas venir à la réunion des parents d'élèves demain soir ? ... Parce que ta femme n'arrête pas de vomir ! Pourquoi ? Elle a besoin de toi pour vomir ? Je me permets de te rappeler que, quand j'attendais Matthias, je m'évanouissais tout le temps, et que ça ne m'empêchait pas d'aller travailler à la boutique... Il le fallait bien : tu étais au chômage, à l'époque. Mais, tout cela, c'est oublié !...

Clac ! elle raccroche.

BIP-BIP ... BIP-BIP ...

Fille Aînée débranche l'appareil.

— Il m'emmerde, à la fin, cet enfant de pute ! Sa pouffiasse le fait tourner autour de son petit doigt ! Qu'il crève, tiens !...

Vous ne commentez pas. Justine est née avec un caractère impétueux et rebelle qui n'a fait que croître et embellir avec les années. La moindre remarque légèrement critique de votre part ne vous attirerait que des ennuis, et vous êtes entrée dans l'âge où l'on ne désire plus se disputer ni, surtout, se brouiller avec ses enfants.

Désormais, vous vous écrasez.

Cette petite guerre entre Fille Aînée et la nouvelle Madame Raoul vous tourmente. Vous faites part de votre souci à Petite Chérie, votre confidente. (Vous croyez savoir que les psy ne verraient pas d'un bon œil que vous confiiez vos secrets — enfin, quelques-uns... — à votre cadette.) Tant pis. A qui peut-on faire confiance dans le monde médical, quand le magazine *Sciences et Avenir* donne la liste des 478 hôpitaux où

vous risquez de mourir par suite de mauvais soins ?
Depuis, vous faites très attention à ne pas attraper le
moindre rhume.

— La jalousie est un vilain défaut ! s'exclame Alizée,
que vous aviez oubliée, plongée dans vos tourments
concernant la qualité de la médecine française.

Et elle éclate en sanglots.

Vous vous précipitez pour la prendre dans vos bras
et la bercer comme lorsqu'elle était bébé (sensation
merveilleuse).

— Allons ! Allons !... Qu'est-ce qui se passe ?

— Je ne peux pas te le dire, pleurniche Petite Chérie.
J'ai honte !

— On ne doit pas avoir honte de se confier à sa
Maman, bêlez-vous.

— Je ... Je suis folle de jalousie, moi aussi !

— De Gilles ?

— Ouiiiiiiii !

La maladie avait atteint Alizée à son tour.

Les explications de cette dernière, entrecoupées de
hoquets déchirants, sont confuses. Vous croyez
comprendre que ledit Gilles drague les filles grâce à
son regard couleur de ciel d'été. Non : ce sont les filles
qui draguent Gilles, mais il se laisse faire avec noncha-
lance. Parce que ce jeune homme, avocat sans client
mais pourvu d'une jolie petite gueule, gagne ses sous
en défilant comme mannequin de mode masculine. Il
obtient un succès fou auprès des demoiselles, et même
des dames, qui le regardent comme des chattes prêtes
à bondir sur un pigeonneau.

Alizée n'en dort plus.

— Tu comprends, il est tellement mignon, tellement
craquant, qu'une de ces garces va finir par me le
piquer un jour.

— Il sort avec une autre fille ?

(Vous avez mis des années à comprendre que *sortir
avec une fille* — ou un garçon — ne signifiait pas

« se promener dehors gentiment, en se tenant par le petit doigt », mais « coucher avec ».)

Petite Chérie fait un bond.

— Tu es folle ! Il sait parfaitement que je lui couperais le zizi, et qu'on discuterait ensuite !

— Alors, pourquoi tu t'en fais ?

— On voit bien que tu ne sais pas ce que c'est que la jalousie...

Pauvre bébé qui ne se doute pas que sa mère est une tigresse ! Une tigresse qui a appris à cacher ses crocs. Parce que les hommes, s'ils peuvent être dingues d'amour à vous étrangler si vous regardez distraitement un autre mâle, n'aiment guère, eux, les femmes trop soupçonneuses. Vite traitées d'emmerdeuses. Un peu de jalousie flatte délicieusement le bonhomme. Beaucoup l'agace profondément.

Comment avouer à votre fille que, même si vous avez appris à rester impassible au moindre sourire charmeur de l'Homme à une créature femelle de moins de cent ans, vous avez l'estomac noué, le sang qui bouillonne, une envie de hurler, de mordre le traître, de le frapper avec la grosse lampe jaune du salon, de l'aveugler avec une fourchette, etc.

Vous avez failli tuer votre premier amour en lui martelant la tête avec une affreuse, mais commode, statuette en bronze, le soir où il est rentré avec du rouge à lèvres sur son col de chemise. Il a tenté de vous expliquer que c'était la trace des adieux d'Ariane, une ancienne fiancée (bien plus belle que vous), qu'il avait néanmoins quittée pour votre petite personne. La rage vous possédait tellement que vous n'avez rien voulu écouter. Qu'est-ce que c'était que ces adieux avec baisers ?... Vous hurliez tellement que le lâche a fini par se sauver. Vous avez rompu vos fiançailles, après avoir saccagé le studio de ladite Ariane (bien plus belle que vous). Et que je te découpe tes petites culottes en dentelle avec les ciseaux à ongles... et que je te déchire tes robes avec mes dents... et que je t'explose la télé avec le fer à repasser...

La garce d'Ariane (bien plus belle que vous) a eu une drôle de surprise en rentrant d'un week-end crapuleux avec le mari d'une autre de ses copines. Qu'elle a crue coupable du méfait. Les deux femmes se sont battues à coups de poing et à coups de pied (boxe française). Conclusion de cette histoire : trois personnes à l'hôpital, une rupture, un divorce.

Pour un grain de jalousie.

Quand vous avez été frappée par un coup de foudre (Oui, ça existe !) en apercevant l'Homme de dos dans son bureau (Parfaitement ! De dos !), la jalousie vous a envahie en même temps. Tripes tordues de douleur s'il répondait au téléphone d'une voix un peu trop tendre (Était-ce sa maîtresse ?). Angoisse vous empêchant de respirer s'il déjeunait avec une « écrivaine » à la somptueuse crinière rousse (Était-ce sa maîtresse ?) alors que vous avez de maigres tifs plats, couleur souris. Voile rouge devant les yeux en l'entendant tutoyer affectueusement sa secrétaire (Était-ce sa maîtresse ?). Fièvre obsidionale si, dans un cocktail, vous l'aperceviez entouré de splendides créatures (Étaient-elles toutes ses maîtresses ?).

Le mariage n'a pas guéri votre jalousie.

Vous avez failli mourir de désespoir en apprenant par des copains hilares, au cours d'un déjeuner, que l'Homme avait été amoureux, dans sa prime jeunesse, d'une certaine Arlette (Depuis, vous détestez ce prénom. Comment peut-on s'appeler Arlette ?). Pour elle, il avait acheté une vieille 2 CV, l'avait repeinte en rouge passion, remplie de roses également rouge passion, et avait promené fièrement toute une journée sa vilaine Arlette dans cet équipage.

Il n'a jamais fait cela pour vous !

Dès le soir de cette révélation, au creux du lit, cachant votre rage sous un air désinvolte, vous l'interrogez sur cette maudite pétasse.

— Pouh ! dit votre mari, c'était une conne !

— Mais tu l'aimais ?

— Moi ? Absolument pas. C'était pour épater les copains. A cette époque, j'étais fou de ma moto. Et seulement de ma moto.

Vous savez que ce n'est pas vrai : votre belle-mère a cafté. Il a eu aussi une passion pour une certaine Josette (Depuis vous détestez également ce prénom. Comment peut-on s'appeler Josette ?) qu'il a emmenée traverser la France sur sa chère moto.

Du coup, au cours d'une discussion sur les prochaines vacances, vous lui proposez un rallye à deux sur une Mitsubishi 900.

— T'es folle ! C'est bon pour les gamins. Et pas pour les femmes !

— Comment ça ? Et cette Josette qui a fait Paris-Tamanrasset sur ton tan-sad ?

— Ah... Elle s'appelait Josette ? Je l'avais complètement oubliée.

Hélas ! Un jour, en fouillant les affaires de votre époux, vous trouvez la trace d'un autre grand amour.

Vous devez l'avouer : vous savez que c'est un terrible défaut de votre personnalité... mais vous êtes une « fouilleuse ».

Au début de votre mariage — et même pendant des années —, vous avez systématiquement passé au peigne fin les poches de votre époux, son portefeuille, son agenda, son carnet d'adresses (Qui c'est, cette Sophie ? ... Ah ! une dactylo...), ses tickets de carte Visa (au cas où, comme votre copine Anaïs, vous trouveriez pour le mardi 17 mars, jour où son mari lui avait assuré devoir déjeuner d'un sandwich au bureau, une facture de Taillevent : « Menu 2 personnes, 1 800 francs » — Hé bé ! — avec, écrit de sa main, « Dominique ». — « Qui c'est, cette Dominique ? » avait hurlé Anaïs. — « Un jeune neveu, débarqué du train de Nancy », avait froidement répondu son Julien. Cause toujours ! Les neveux débarqués du train de Nancy, on les emmène à la pizzéria du coin).

Vous, vous n'avez jamais rien trouvé (L'Homme est-il fidèle, ou planque-t-il ses papiers au bureau ?), jusqu'au jour où, dans un vieux carton, dans une vieille enveloppe marquée « Nina » (Merde ! c'est joli : « Nina » ! Pourquoi votre mère ne vous a-t-elle pas appelée Nina ?), vous avez découvert la photo d'une ravissante salope et ... un poème en son honneur de la main de l'Homme !

UN POÈME !

Vous n'auriez jamais cru votre Seigneur et Maître capable d'écrire une poésie pour une femme. Pour son chien Rock, peut-être.

EN TOUT CAS, IL N'A JAMAIS FAIT CELA POUR VOUS.

Vous avez remis tristement photo et poème à leur place, et vous n'en avez jamais parlé à votre époux.

Simplement, depuis, vous avez un clou dans le cœur.

Une fois, cependant, vous avez osé lui donner une belle photo de vous, style star (La photo était belle. Pas vous). Vous aviez lu qu'un grand sentiment d'infériorité était responsable de votre terrible jalousie. Vous espériez qu'un petit compliment (même mensonger) adoucirait votre stress.

— Et si tu la mettais dans ton bureau ? avez-vous fait semblant de plaisanter.

— Ça ne va pas, non ! Je ne suis pas inspecteur des Impôts !

— Pourquoi « inspecteur des Impôts » ? avez-vous demandé, ébahie.

— Tu n'as jamais remarqué que les inspecteurs des Impôts ornent leur bureau de photos de leur femme et de leurs enfants ? Pour avoir l'air humain.

Il a bien fallu vous y faire. L'Homme déteste tout geste ou parole de tendresse. (L'érotisme, c'est une autre histoire que votre pudeur vous empêche d'évoquer.) Il appelle ça des « chichis », et « les chichis », c'est bon pour les « mémères », celles qui lisent les magazines féminins. Qu'il déteste. Bien que vous l'ayez surpris à lire les vôtres aux toilettes, le dimanche matin. S'il se laisse aller — les machos ont leurs faiblesses — à vous prendre la main, il la lâche immédiatement, d'un air furieux, que vous feignez de ne pas remarquer.

Il ne vous a jamais dit : « Je t'aime ». *JAMAIS*.

Il y a pire.

Votre époux ne vous a, à aucun moment, témoigné le moindre brin de jalousie.

Est-il indifférent ? Ou sûr de vous ? (avec raison : vous n'avez pas une seule fois regardé un autre mâle en trente-huit ans). Vous auriez préféré avoir un mari comme celui de votre copine Sybille qui la surveille comme le lait sur le feu :

... — Pour qui tu te maquilles comme ça ?

... — J'ai téléphoné à la maison cet après-midi. La femme de ménage philippine m'a charabié que tu étais sortie. Où ça ?

... — Je t'ai appelée tout à l'heure sur ton portable. Tu m'as dit que tu te reposais aux Tuileries, avec les enfants. Mais j'ai bien entendu de la musique dans le fond... Quoi ? Le manège des chevaux de bois ! Tu me prends pour un con ?...

... — Pourquoi as-tu parlé pendant tout le dîner chez les Truc avec ton voisin de droite, un imbécile prétentieux ? Tu le connaissais déjà ? Et depuis quand ?

... — Pourquoi n'as-tu pas adressé la parole pendant tout le souper chez les Machin à ton voisin de gauche ? Il y a quelque chose entre vous, et tu espérais que je ne m'en apercevrais pas ?

... — Ah ! tu trouves mon copain Paul sympa ?... Oui. C'est un chic type.

Un mois plus tard.

... — Chienne ! Avoue que tu me trompes avec Paul ! Tu m'as dis toi-même qu'il te plaisait !

... — Ton premier mari, ce connard qui n'en foutait pas une rame, tu lui souriais comme ça ? C'était comment, vous deux ? Il baisait mieux que moi ?

Son obsession était telle qu'un soir, rentrant plus tôt de son bureau et trouvant sa femme en déshabillé, il alla ouvrir tous les placards, espérant y découvrir l'« Amant ».

Pour finir, il engagea un détective privé qui attrapa une déprime à force de suivre Sybille chez Leclerc acheter des serpillières et de l'essuie-tout.

Vous auriez adoré !...

Non. Ce n'est pas exact.

Ce n'est PLUS exact.

Vous êtes devenue moins jalouse.

Vous ne savez pas si c'est l'âge qui vient avec l'indulgence dans sa musette. Ou, plus grave, la confiance.

Dans les deux cas, une erreur.

Mais, en trente-huit ans, l'Homme ne vous a jamais donné *apparemment* l'occasion d'être jalouse. Est-il fidèle, ou fabuleusement prudent ? Vous l'ignorez. Vous préférez l'ignorer.

Et vous avez arrêté de fouiller, de surveiller ses horaires, d'écouter ses conversations téléphoniques.

Peut-être ne seriez-vous même plus capable de renouveler un fait d'armes dont vous êtes assez fière.

Invitée avec votre époux à un dîner de copains, vous avez soudain l'impression en mangeant votre avocat aux crevettes que votre voisine de droite est en train de draguer l'Homme de votre vie, assis lui-même à sa droite. Votre mec a un air chafouin que vous ne lui connaissez pas. Prise d'une impulsion, vous vous penchez pour regarder sous la table en faisant mine de ramasser votre serviette. Et vous voyez.

Votre garce de voisine a enlevé un de ses escarpins vert pomme en faux croco avec un talon aiguille de 12 centimètres, et, de son pied nu, caresse la cheville de votre mari.

Dans un élan furieux, vous attrapez l'escarpin vert pomme en faux croco abandonné, et vous l'enfouissez dans votre grand sac — en vrai cuir — posé ouvert par terre, près de votre jambe à vous. Et vous attendez la suite en faisant de la respiration zen pour calmer votre colère, et en adressant des sourires sournois à votre époux qui a l'air gêné (Brave petit bonhomme !).

Quand, à la fin du dîner, tout le monde se lève, vous voyez avec ravissement la salope d'à côté (Prénom : Sophie) se trémousser sur sa chaise. Elle tâtonne frénétiquement le sol avec son pied nu à la recherche de la chaussure envolée.

Rien.

Du coup, elle se penche carrément pour regarder à son tour sous la table.

Rien.

— Vous cherchez quelque chose ? claironnez-vous d'une voix perçante.

Tous les invités se retournent vers Sophie devenue couleur carotte.

— C'est que... Heu... J'ai la sale habitude d'enlever mes chaussures à table... et il y en a une que je ne retrouve pas.

— Moi aussi j'ai cette sale habitude ! piaillent plusieurs voix féminines apitoyées.

Quelques braves copains se mettent à quatre pattes sous la table, à la recherche de la tatane volatilisée.

Rien.

— C'est inouï, cette histoire ! s'écrie la maîtresse de maison. Cet appart' est hanté !

— Ou c'est un petit homme vert qui l'a volée, suggère quelqu'un.

L'Homme vous regarde. Malgré votre air innocent à la Bernadette Soubirous, il a compris. Il étouffe un énorme rire et se sauve lâchement à l'autre bout de la pièce.

Boitant sur son pied nu, la pétasse, au bord des larmes (cela ne vous attendrit pas une seconde), fait appeler un taxi pour rentrer chez elle cacher sa honte. Vous notez avec jubilation que pas un mâle présent ne lui propose de la raccompagner.

Après son départ, discussion générale sur cette manie qu'ont beaucoup de femmes de se débarrasser de leurs souliers sous les tables de salle à manger.

— Parce que, par coquetterie, elles achètent toujours des pompes trop petites, ricane un mari.

— Parce que les escarpins à hauts talons aiguilles sont un supplice, répond sa femme.

— Alors pourquoi en portez-vous ? demande un imbécile.

— Pour vous séduire avec de jolies jambes, s'exclame un chœur de femmes.

— Il y a une explication plus triviale, assurez-vous froidement : soulager les cors aux pieds. Sophie en avait à chaque doigt.

La putasse qui avait essayé de vous piquer votre mari fut surnommée : « Sophie, celle-qui-a-des-cors-aux-pieds ».

— Tu as été vache quand même avec cette pauvre fille qui n'a pas le moindre cor aux pieds, remarque l'Homme, le soir, sous la couette.

— Pas du tout. J'aurais pu lui flanquer une dérouillée et lui casser le nez avec une bouteille de bordeaux, en la traitant de traînée et de bâton merdique. Tu sais très bien que j'en suis capable.

— Madame, vous êtes une sacrée jalouse ! s'écrie l'Homme, assez fier de susciter une telle ardente passion.

Las, il n'ajoute pas le « Je t'aime » que vous attendez depuis si longtemps.

Qu'importe. La nuit fut délicieuse.

Le lendemain, vous emballez votre prise de guerre — l'écrase-merde de Sophie la Salope — dans un papier-cadeau et vous le faites porter par coursier à votre éditeur de mari avec un petit mot :

> *Monsieur,*
> *Puisque vous ne voulez pas mettre ma photo sur votre bureau, je vous envoie à la place cette chaussure en symbole de mon amour très jaloux.*
>
> *Votre femme.*

L'Homme rit et, sans hésiter, posa l'escarpin vert pomme en faux croco, à talon aiguille de 12 centimètres, sur le coin de son bureau. Il y est toujours, à la

grande surprise de ses visiteurs laissés sans explication.

L'épidémie de jalousie atteignit même la Micoulette.

Vous l'apprenez en faisant un saut chez vous, à la
campagne, pour tracer avec le forestier une nouvelle
piste dans les bois.

Appoline vous chuchote l'affaire.

Madame Louis, appelée « La Femme » par son mari,
votre cher régisseur agricole, montrait depuis quelque
temps des signes de coquetterie. Elle allait chez le coiffeur régulièrement se faire teindre les cheveux en
blond paille et les couper à la Jeanne d'Arc, achetait de
charmantes petites robes à fleurs pour vendre ses œufs
au marché le vendredi, et parlait de passer son permis
de conduire. Ce qui ne l'empêchait pas de s'occuper
très activement de ses poules, de ses lapins, de ses
enfants. Néanmoins cette évolution avait été remar-
quée au village, et commentée pendant les parties de
pétanque du club local : « *La Boule Joyeuse* ».

Les Anciens assuraient que c'était là les signes de la
mauvaise influence de la Parisienne (vous).

Un vendredi, l'incident survint.

Un des pneus de la mobylette de Madame Louis
éclata en ville. Le garagiste, pourtant un ami, ne put le
changer sur-le-champ. « Il n'avait pas la pièce »
(Remarque que vous entendez, vous aussi, chaque fois
que vous avez à faire à un artisan local).

« La Femme » décida courageusement de rentrer à
pied : quinze kilomètres, en portant les provisions du
marché. Sur le chemin, une voiture s'arrêta. Un voisin
ami proposa de la reconduire. Madame Louis, qui
avait mal aux pieds — de vrais cors ! —, accepta.

Suivant la tradition, elle monta à l'arrière de la
vieille Peugeot, signifiant ainsi aux populations que ses
rapports avec son transporteur étaient fortuits et s'ar-
rêtaient à une prise en stop.

Mais, arrivée chez elle, et, peut-être, en effet, perver-
tie par vos mœurs parisiennes, elle offrit un verre de
banyuls au voisin transporteur.

Malheur ! Ce geste fut longuement commenté à *La Boule Joyeuse*. Les Anciens prédirent que, d'ici peu de temps, le large front de Monsieur Louis pourrait bien s'orner de cornes. On attendit avec une curiosité passionnée la réaction du futur cocu.

Qui se contenta de ne plus saluer l'habitant de la ferme d'à côté et d'astiquer ostensiblement son fusil de chasse. Mais comme il ne participait plus aux battues au sanglier (toujours votre « mauvaise influence »), *La Boule Joyeuse* convint qu'on ne risquait aucun « incident » à la saison prochaine.

Enfin, un beau matin, le voisin/transporteur eut la désagréable surprise de ne pouvoir faire démarrer ni son tracteur ni sa vieille Peugeot. Le garagiste accourut et mit un certain temps à découvrir la cause des pannes.

Du sucre avait été versé dans l'essence et le gazole.

La Boule Joyeuse commenta l'événement avec bienveillance. Le mari avait vengé son honneur.

Tout rentra dans le calme.

Souvent, le mercredi, vous emmenez vos petits-enfants, Émilie et Attila, déjeuner au restaurant. Ils adorent.

— Ah, Mamie, que c'est bon ! C'est bien meilleur ici qu'à la cantine ! Ah oui, c'est meilleur qu'à la cantine !

Heureusement ! Avec le prix que vous payez.

Ensuite, tous au cinéma pour voir un film choisi démocratiquement ... par vous.

Et retour dans votre salon où vous attendez, devant la télévision, que Fille Aînée passe prendre ses enfants après avoir fermé sa boutique.

Hier, tandis qu'ils regardaient avec passion pour la cinquante-septième fois un *Robin des Bois*, vous en profitez pour brosser tendrement et longuement la splendide chevelure d'Émilie.

Soudain Melchior sauta sur le canapé à côté de vous, vous griffa la main, et courut se cacher sous la commode Louis XV de votre grand-mère, d'où n'émergeaient que son derrière et sa queue.

Vous poussez un cri de douleur et de stupeur.

— Melchior ! Qu'est-ce qui t'a pris ?

Petit Chat poussa un miaulement déchirant sous la commode Louis XV et ne répondit pas.

— Melchior ! Explique-moi, s'il te plaît. Pourquoi m'as-tu griffée ?

Petit Chat soupira, et répondit d'une voix étouffée :

— Tu brosses les cheveux d'Émilie pendant des heures, et jamais mes poils !

— Melchior !... Tu es jaloux ? ! ?...

— Pourquoi je serais le seul à ne pas être jaloux dans cette famille ?

Oui. Pourquoi ?

Chapitre VII

Le Grand Secret

> *Si vous voulez savoir la valeur de
> l'argent, essayez d'en emprunter.*
>
> Benjamin Franklin.

Vous avez découvert, lors de vos bavardages avec vos copines, que le secret le mieux gardé d'un couple est celui de l'argent du ménage.

Ou : QUI PAYE QUOI ?

Certaines jeunes femmes n'hésitent pas à déballer gaiement des détails intimes sur leur sexualité et celle de leur(s) partenaire(s) mâle(s), mais restent bouche cousue sur les problèmes posés par le fric. Pourtant cause de nombreuses altercations.

Après des sondages délicats, vous en êtes arrivée à la conclusion que si tout le monde, un jour ou l'autre, se dispute au sujet des sous, chacun considère qu'il s'agit là d'empoignades mesquines. Aucune honte à évoquer à la ronde d'exotiques positions acrobatiques repérées dans le Kama Soutra, mais pas question d'avouer qu'on s'est engueulés sauvagement parce que le compte à la banque était dans le rouge.

— C'est de ta faute ! crie Lui, ...avec tout ce que tu dépenses en fringues !

— Pour le métier que je fais, jappe Elle, je dois être correctement habillée. Et toi ? Tu ne claques rien, peut-être, avec ta merde de voiture turbo !

— Faut bien que j'aie une voiture ! J'ai même pas de

quoi en acheter une neuve. Je ne dépense jamais rien
pour moi dans cette baraque !

— Comment ça ? Et tes caleçons Dior brodés avec
tes initiales ? Hein ?... Une fortune, ça a coûté ! Alors
qu'il y a des slips épatants chez Tati ! En plus, on se
demande bien pourquoi Monsieur veut ses initiales sur
ses sous-vets. Pour épater sa secrétaire, peut-être,
pauvre con !

— Salope ! Et tes porte-jarretelles en dentelle ? C'est
utile, peut-être ? Sinon pour séduire l'employé du gaz !

Elle éclate en sanglots.

— C'était pour te plaire, connard !

Comme tous les hommes, Lui a horreur de voir sa
femme en larmes. Il hausse les épaules et grogne :

— Ah, ça y est ! Le bureau des pleurs est ouvert...

Et va bouder dans sa chambre.

Elle boude, elle aussi, mais dans la cuisine.

Ils se couchent en silence, dos à dos.

Suites proposées :

— Ils s'endorment sans s'adresser la parole, et le lendemain tout est oublié. Apparemment.

— Elle lui fait un petit bisou dans le cou et chuchote
d'un ton contrit : « Tu as raison. Je n'achèterai plus de
porte-jarretelles en dentelle ! » Lui, tendre : « Mais si,
mon amour ! Au contraire. Tu es si mignonne avec ! »

— Il lui fait une petite caresse sur les fesses. Elle
glousse. Ils font l'amour. Il lui offre le lendemain un
string en soie tango.

Fille Aînée et Petite Chérie ont carrément refusé de
vous faire leurs confidences sur ce sujet délicat de
l'oseille conjugale. Fille Aînée parce qu'elle ne vous
raconte plus ses secrets depuis qu'elle concubine avec
Monsieur Gendre n° 2. Se méfie-t-il de vous ? (à juste
titre). Ce mutisme vous agace profondément. D'autant
qu'à vos discrètes questions (vous ne pouvez vous en
empêcher) Justine répond froidement que « tout va
TRÈS bien dans son ménage »... « Non, elle ne se dispute JAMAIS avec son mec. Surtout pour des histoires

sordides de pognon... » (Comme si c'était vraisemblable ! Vous êtes sûre que même la Vierge Marie et saint Joseph se querellaient au sujet des frais de cantine du petit Jésus.)

Vous avez quand même réussi à apprendre que Fille Aînée, comme toutes les jeunes femmes qui travaillent, a son compte en banque personnel, Monsieur Gendre n° 2 le sien, et qu'il en existe un troisième pour les dépenses : « Maison et Enfants ». Chaque compte étant accompagné d'une carte Visa, pouvant être utilisée aussi bien par Justine que par son homme. Ce qui causa un jour des soucis, dans un magasin de chaussures, à Monsieur Gendre n° 2 qui désirait s'acheter des mocassins avec la Visa de Fille Aînée. La caissière appela la police pour arrêter ce voleur de carte. Monsieur Gendre n° 2 préféra s'enfuir en chaussettes, la vendeuse s'étant emparée des deux paires de godasses.

Quant à Petite Chérie elle vous assure gaiement qu'elle n'accorde que peu d'attention à ce problème-là. Sauf en fin de mois (commençant le 20). Payait alors celui à qui il restait quelques sous. C'est à dire : elle, Alizée, à qui des parents adorables (l'Homme et vous) donnaient une petite pension pour lui permettre d'arrondir ses recettes de peintre et d'illustratrice de livres pour enfants. Quant à ses amoureux, ils étaient soit étudiants (avec également petite pension des parents), soit au chômage (toujours petite pension des parents), soit courant d'un boulot l'autre et touchant à peine de quoi s'offrir leur Mac Do quotidien.

L'un d'eux — un snob insupportable — vous expliqua un jour, en riant, qu'il gagnait sa vie, dans les moments difficiles, en écrivant.

— Vous écrivez quoi ? avez-vous demandé, intéressée.

— Une lettre à mon père.

Restaient, pour vous informer, vos copines.

Les plus âgées n'avaient jamais travaillé — en dehors de chez elles. Elles ont donc toujours vécu avec la « mensualité » que leur dispensait leur Seigneur et

Maître « pour le ménage et tes petites bricoles ». (Vous détestez cette expression « petites bricoles » que vous trouvez méprisante.) Leur tranquillité financière avait donc toujours dépendu de la générosité ou de la radinerie de l'époux.

Car les hommes radins existent. Si, si !

Des Harpagon pour qui leur fric, c'est leur sang. Qu'ils dépensent avec parcimonie. En exigeant des comptes.

Gisèle, l'une de vos amies, se vit réclamer un relevé de ces fameux frais de la maison, dès le lendemain de son mariage. Elle obéit — que faire d'autre ? —, et écrivit sur un livre de cuisine relié à l'ancienne en toile noire :

> *Lundi 12 juin*
> Poireaux   2 Frs 75
> Pommes de terre   7 Frs 45
> Viande   46 Frs 10
> Abricots   9 Frs 30
> Divers   10 000 Frs

Heureusement, son époux avait de l'humour. Il éclata de rire et ne lui réclama jamais plus les comptes de la maison. Se montra même fastueux tout au long de leur mariage.

Un autre grippe-sou, milliardaire, remettait à votre copine Christine cette fameuse « mensualité », mais ... en exigeait un reçu ! Elle crut à une névrose financière due à une enfance triste en pension. Jusqu'au jour de son divorce, où il réclama les sommes données !

Une de vos sœurs, qui avait, elle aussi, épousé un ladre, et qui en avait assez de chipoter sur l'achat d'une paire de collants, poussée par vos mauvais conseils, appuya un jour un revolver (un jouet en plastique d'un de ses fils, mais très bien imité) sur la tempe de votre beau-frère, et dit froidement :

— Arthur, si tu ne me signes pas immédiatement une procuration sur ton compte en banque, je tire.

Terrorisé, Arthur signa.

A noter qu'un grand nombre d'hommes qui confient, les yeux fermés, l'éducation de leurs enfants à leur femme, refusent de lui laisser entrevoir le montant de leurs économies.

En conséquence, beaucoup de femmes font de la « gratte ».

Au cours d'une joyeuse réunion de la Ligue des Gonzesses, vous découvrez l'art de la « gratte ». Consiste par exemple à :

— ... faire verser les allocations familiales (enfin, ce qui en reste) sur votre compte personnel et non sur celui « Ménage-Enfants ».

— ... idem avec les remboursements de la Sécurité sociale, alors que médecins et médicaments ont été payés avec les sous « Maison ».

— ... tricher honteusement sur les dépenses du marché et, avec la différence, s'acheter un foulard de soie que le compagnon de votre vie ne remarquera jamais. Si, par un hasard inouï, il vous en fait compliment, prétendre qu'il est très, très vieux (le foulard de soie, pas le compagnon).

— ... piquer calmement tous les soirs les billets qui restent dans la poche ou le portefeuille de votre bonhomme, surtout s'il est un peu désordonné (méthode de Monique Pantel, au temps de ses amours avec Audiberti).

— ... prétendre que l'on s'est rui-née !... pour une robe en velours dévoré (par qui ?), alors qu'on a marchandé comme un maquignon à la foire de Saint-Flour. Parce qu'il paraît que, dans nos temps difficiles où la moindre petite culotte est hors de prix et les impôts écrasants, on peut marchander. Tout et n'importe quoi, (sauf, hélas, les impôts).

— Mais bien sûr ! s'exclament les copines qui vous regardent comme une demeurée mentale, maintenant on n'achète plus rien sans réclamer — et obtenir — un rabais.

Vous n'en croyez pas vos oreilles. Vous n'oserez jamais.

Et pourtant vous avez appris à discuter les prix, vous aussi, dès votre adolescence dans les souks de Meknès. Tout un art.

D'abord, regarder intensément et tripoter un plateau de cuivre alors qu'en fait, vous désirez acheter une paire de babouches blanches. Le marchand arabe jaillit du fond de son échoppe.

— Très beau, mon plateau !... Vrai cuivre !... Jolis dessins !...

— Oui. Combien il coûte ?

— Pas cher... Pas cher du tout !... Tu trouveras pas un plateau si magnifique et si bon marché dans tout le souk !

— Combien ?

— 1 000 francs.

— Tu es fou ! Ton prix est beaucoup trop élevé ! Et tes babouches blanches, là, combien tu les fais ?

— 100 francs.

— 100 francs ! Tu veux me ruiner ! Je t'en propose 50.

— C'est ma mort que tu cherches !... 90 francs.

— Non, 50 francs. J'ai dit 50 francs.

Le marchand lève les yeux au ciel, implore Allah, et gémit :

— 85 ... parce que c'est toi !

— Non. 85 c'est encore trop cher. Tant pis. Au revoir.

Vous vous éloignez de quelques pas vers le marchand d'à côté qui se précipite à son tour.

Premier Marchand, vous courant après :

— Reviens, belle Madame !... Reviens ! Je te les donne à 80 !

— 75, et je te les prends, tes affreuses babouches.

— D'accord, 75 ! Mais, sur la tête de mes enfants, que je perds de l'argent !...

Ce qui ne l'empêche pas d'empaqueter vos babouches avec un large sourire auquel vous répondez par un autre large sourire. 75 était le bon prix.

Vous ne vous imaginez pas jouant cette bruyante

comédie dans l'élégante boutique Dior pour arracher une remise de 10 pour cent sur un flacon de votre parfum préféré au muguet.

Ni même chez Leclerc pour obtenir un rabais sur un paquet de petits biscuits Lu. La caissière appellerait SOS Sainte-Anne et votre mari demanderait le divorce pour « honte publique ».

Encore que.

Vous avez, l'Homme et vous, des rapports bizarres avec l'argent.

Vous, vous avez toujours eu peur de « manquer » dans votre grand âge. Comme l'on sait, vous redoutez de finir dans le terrifiant et puant hospice où votre grand-mère vous emmenait, le jeudi après-midi, apporter des gâteaux et des écharpes mal tricotées par vos soins à des petits vieux baveux et gâteux. A 17 ans et demi, vous avez connu la faim. Puis, grâce à un travail de brute (« Bulldozer » était votre surnom), et trois jobs à la fois, après des années de dèche noire, vous avez commencé à bien gagner votre vie...

... et, vite, vous avez fait des économies...

... grâce auxquelles vous avez acheté une ferme écroulée — qui est devenue, petit à petit, votre maison — et ceci ...

... SANS EMPRUNTER UN SOU.

Car le mot « EMPRUNT » était, et reste, dans votre tête synonyme de ruine, et même de prison !

Vous n'avez jamais su d'où vous venait cette terreur. Peut-être l'influence de vos grands-pères, tous les deux banquiers, et qui finirent tous les deux ruinés. Emprunter, pour vous, signifie devoir payer une fois et demie, pendant cinq ans, votre voiture. Puis, au bout de trois ans, tomber malade, ou, pire, être virée de votre travail, et ne plus pouvoir assurer vos remboursements. Alors, hop !, on vous reprend votre break Peugeot, on vend vos meubles sur le trottoir et, éventuellement, on vous embastille, comme le marquis de Sade.

Votre très gentil conseiller de la BNP a bien essayé, à maintes reprises, de vous expliquer que tout ceci était du roman, que jamais — sur la tête de son directeur — il ne vous enverrait en prison, vous en tenez pour votre feuilleton déchirant.

Aussi, quand votre petit-fils Matthias est venu, la mine piteuse, vous EMPRUNTER 2 000 francs, son compte en banque étant dans le rouge à la suite de l'achat d'une moto Suzuki, l'avez-vous tancé sévèrement.

— N'emprunte jamais ! (surtout pour une moto Suzuki). C'est comme ça qu'on se retrouve au Club Américain des Sur-Endettés Anonymes !

Vous lui avez DONNÉ ses deux mille francs, l'expérience vous ayant appris que PRÊTER des sous à des membres de sa famille ou à des amies vous brouille avec eux. N'ayant pas de quoi vous rembourser (ce que vous ne songez pas à leur réclamer), les emprunteurs disparaissent de votre horizon. Ils se cachent derrière leur répondeur, ou vous font savoir qu'ils sont très déprimés, au bord du suicide.

Vous préférez perdre un peu d'argent qu'une copine.

Un proverbe arabe dit : « *Ce qui est prêté par la main est poursuivi par les pieds.* » Vous en avez fait la curieuse expérience.

Revenant un jour de Toulouse en voiture, vous apercevez sur le bas-côté de l'autoroute, après le péage, un extraordinaire gentleman anglais en train de faire du stop. Moustache rousse en croc, tenue très british, avec cravate de collège chic et pli impeccable du pantalon de flanelle grise, tenant d'une main une magnifique serviette en cuir d'homme d'affaires, et levant le pouce de l'autre. Il ne lui manquait que le chapeau melon et le parapluie pour être l'image même du Major Thompson du cher Daninos.

La curiosité vous pique au vif.

Pourquoi un milord si élégant, échappé de la City, faisait-il du stop sur l'autoroute des Deux-Mers ? Qu'était-il arrivé à sa Roll's ?

Vous vous arrêtez. Repoussez sèchement un groupe de jeunes Hollandais en shorts, pas très propres et pas du tout coiffés, avec d'énormes sacs à dos et la cigarette au bec. Faites monter le cousin de la reine d'Angleterre. Et entamez la conversation dans votre anglais durement appris pendant toute une année dans le froid Yorkshire, au son désespéré de la corne de brume.

Où allait-il ?

A Carcassonne.

Parfait. Vous aussi.

Et ... Heu ... Pourquoi ce gentleman britannique se commettait-il à lever le pouce sur l'autoroute des Deux-Mers ?

Milord vous raconte alors ses malheurs. Il n'est pas baronet, mais représentant d'une société de chauffage solaire (petite déception). Il en vend dans l'Europe entière, particulièrement en Espagne, en Italie et en Israël. Il vient s'installer dans le midi de la France pour recouvrir nos si jolis toits en tuiles romaines roses d'affreux panneaux en plastique noir polymère. (Deuxième petite déception ; vous vous demandez si vous n'allez pas le jeter hors de votre petite Toyota 4 x 4 rouge.) Dans le train de Paris/Toulouse, alors qu'il dormait paisiblement dans son wagon-lit, une main fureteuse lui a piqué son portefeuille avec tout son argent, ses cartes de crédit, son passeport, etc. Il a déposé plainte mais il se retrouve sans un sou et sans papiers, le consulat lui ayant juste permis de téléphoner à son patron en vacances en Espagne, et qui est en train de remonter de Marbella au volant de sa Roll's (Ah, quand même !) pour le récupérer au péage de Carcassonne.

L'histoire de ce malheureux Anglais, affamé, assoiffé, perdu dans le Sud-Ouest français, vous émeut.

Votre sens de l'hospitalité se réveille.

Vous représentez la France, et la France ne peut pas abandonner un étranger, surtout un allié britannique, peut-être cousin de la pauvre chère feue Lady Di, dans une telle dramatique situation.

— Voulez-vous que je vous prête un peu d'argent ? proposez-vous de votre voix la plus aimable. Vous pourrez ainsi déjeuner et vous reposer dans un hôtel.

Le gentleman paraît hésiter.

— Vous me renverrez « my money » dès que vous

aurez retrouvé votre patron, insistez-vous, très fiérotte de votre fastuosité.

— Je vous remercie du fond du cœur, et j'accepte.

— Combien voulez-vous ?

— Combien pensez-vous... heu... pouvoir... ?

Entraînée par l'enthousiasme de votre bonne action (vous avez été scoute pendant une journée, au bout de laquelle on vous a renvoyée. Mais cela vous a marquée, comme on peut le constater), vous proposez somptueusement :

— 500 francs ?

— Merveilleux ! Vous me sauvez la vie.

Arrivés au péage de Carcassonne, vous tendez vos billets au gentleman britannique qui vous donne en retour une carte au nom de :

Herr Franz MÜLLER
Berlin

Vous restez ébahie. Vous demandez bêtement (toujours en anglais) :

— Pourquoi avez-vous une carte allemande ?

— Mais ... parce que je suis allemand !

— Comment ça ?... Vous n'êtes pas anglais ?

— Non. Absolument pas. Je suis berlinois.

— Pourquoi alors me parlez-vous en anglais ?

— Mais c'est vous qui m'avez adressé la parole en anglais, la première. J'ai continué. Je croyais que vous étiez anglaise.

Brusquement, cet Anglo-Germain vous paraît moins sympathique. Tant pis. Une promesse est une promesse.

Vous griffonnez votre adresse sur une autre de ses cartes, et vous vous séparez amicalement.

Arrivée chez vous, vous contez votre aventure à votre petite famille. Et vous faites un sondage. 10 % sont d'avis que Herr Müller vous renverra vos 500 francs dès le lendemain ; 40 %, dans les 8 jours ; 30 %, d'ici un mois ; 19 % avec un gros bouquet de fleurs par

Interflora. Seule Petite Chérie pense que votre faux gentleman britannique est un escroc et que vous ne reverrez jamais vos sous.

Six mois plus tard, après avoir essayé d'écrire sans succès à Berlin et n'avoir reçu aucune réponse, vous devez faire face à la vérité.

Petite Chérie avait raison : Herr Müller était bien un escroc, et vous une idiote crédule qui avez perdu 500 francs, ce qui est une bonne mais chère leçon.

Depuis, chaque fois que vous empruntez l'autoroute des Deux-Mers, vous dévisagez les auto-stoppeurs pour éventuellement écraser les pieds de celui qui vous a fait perdre votre belle confiance dans les faux gentlemen anglais.

Vous êtes aidée sur le sentier de l'économie par le fait qu'acheter ne vous intéresse pas, ou peu. Les fringues ne vous excitent plus depuis que vous êtes passée de la taille 36 au 50. Parfaitement ! Vous avez été très mince dans vos vertes années, quand vous n'aviez pas l'argent pour vous ruer sur les soldes de haute couture. Maintenant que vous l'auriez, les vendeuses vous disent en vous regardant, l'air dégoûté :

— Oh, Madame... nous n'avons pas au-dessus de la taille 40 !

Y compris dans la boutique de votre fille. Vous avez beau lui faire remarquer que ce sont les dames de votre âge... et de votre généreux tour de taille... qui ont généralement des sous, elle lève les bras au ciel :

— Fais un régime !

Vous détestez faire des régimes pendant lesquels vous avez des hallucinations de chocolat au lait et aux noisettes, et de crèmes glacées aux marrons.

Pour vous venger, vous avez deux phrases chocs dans les magasins élégants :

— Quoi ? Ce pull en angora coûte 1 800 francs ? C'est beaucoup trop cher ! Il ne les vaut pas...

ou

— Vous vous rendez compte que vous vendez ce manteau au prix du SMIG ? Quelle honte !

Et vous sortez, l'air indigné, sans refermer la porte.

Les chaussures vous font TOUTES mal aux pieds, excepté les espadrilles. Mais difficile de se promener en espadrilles à Paris en plein hiver. Surtout s'il pleut. Les espadrilles se transforment en loques spongieuses qui, en séchant sur le radiateur, deviennent dures comme des rochers. Bonnes pour la poubelle.

Vous portez depuis quatre ans la même paire de boots noirs, dix fois ressemelée, mais qui a réussi à ne jamais blesser vos chers petons. Vous désirez être enterrée avec.

Vous trouvez le sac *Lady Dior* très joli, et vous avez été plusieurs fois tentée d'en faire l'acquisition. Malheureusement il a un défaut terrible — pour vous : il se porte à la main. Or, déjà, par deux fois, des voleurs vous ont arraché, dans la rue, votre fourre-tout que vous balanciez gaiement à bout de bras, avec papiers d'identité, carnet de chèques, cartes Visa, clés de l'appartement, argent, etc. Cauchemar. Les jours suivants se passent à faire opposition à la banque (qui vous fait sentir son mécontentement), changer la serrure, (SOS Serrurier pas libre avant deux mois), courir à la mairie pour un nouveau passeport (longue attente et prix élevé). Etc.

Du coup, désormais vous transportez en bandoulière n'importe quelle besace, bien installée sur votre petit ventre, avec votre main droite crispée dessus. Si quelqu'un vous bouscule, vous criez immédiatement : « Halte au terroriste ! »

Vous ne mettez jamais de produits de beauté (sauf du parfum), ce qui indigne Petite Chérie et Lilibelle. Cela vous ennuie prodigieusement de vous tartiner deux fois par jour, des pieds à la tête. Vous avez été récompensée de votre paresse par un dermatologue qui vous a félicitée pour votre peau « très belle pour votre âge ». Mais il ne vous a pas précisé quel âge il vous donnait...

Vos seules grosses dépenses :

• Vous ne mégotez pas les heures de la chère Maria, votre femme de ménage portugaise, parce que vous détestez tous les travaux ménagers. Vous ne savez pas manipuler l'aspirateur (vous en êtes restée au balai de votre jeunesse). La seule fois où vous avez essayé de repasser une chemise de l'Homme, vous l'avez brûlée, et il vous a fait jurer sur la tête de Petit Chat de ne plus jamais toucher à ses vêtements. Vous confondez la lessive pour la machine à laver le linge avec celle pour la machine à laver la vaisselle. Vous n'êtes pas une maîtresse de maison, vous êtes un danger public.

• Autre prodigalité : les livres. Vous vous ruinez en bouquins (et en magazines). L'on sait que vous avez été réprimandée pour cette extravagance par votre inspectrice des Impôts. Tant pis. Vous continuez.

Cependant, il vous arrive quelquefois de faire des folies pour la Micoulette. Ainsi, dans une vente aux enchères, vous n'avez pas pu résister à surenchérir pour un chien de pierre du XVIIIᵉ, à qui il manque l'oreille gauche et le zizi, et que vous avez installé au pied des quelques marches menant à votre chambre. L'Homme leva les yeux au ciel :

— Tu prends ta ferme pour un château ? susurra-t-il, ironique.

Vous n'avez pas répondu, car — vous êtes obligée de l'avouer — les discussions financières avec votre époux peuvent dégénérer rapidement en violentes disputes.

Les rapports à l'argent de l'Homme sont encore plus bizarres que les vôtres.

Votre époux est à la fois fastueux et radin.

Radin parce que, comme vous, il a connu la pauvreté. Fils de notable provincial, il a été élevé dans l'aisance, jusqu'au jour où son père se retrouva ruiné et dut vendre tous ses biens. La famille vécut chichement quelques hivers en cassant des noix pour une usine de biscuits. L'Homme connut ensuite divers petits boulots de pion et il vous arrive d'évoquer ensemble avec émotion les chaussures trouées de votre jeunesse, que vous ressemeliez le soir avec du carton.

Fastueux, parce que son caractère est généreux.

D'où des attitudes successives incohérentes.

A l'époque lointaine où le port de la fourrure naturelle ne suscitait pas la réprobation de notre grande intellectuelle nationale : Brigitte Bardot (à propos : avec quelle viande cette dame nourrit-elle ses chiens, ou sont-ils au régime végétarien ?), votre mari vous offrit un superbe manteau de léopard de chez Révillon. A votre avis, d'un prix pharaonique.

Le soir même, il vous engueula parce que, peu de temps avant d'aller vous coucher, vous aviez remis machinalement une bûche dans le feu.

— Tu gaspilles du bois ! glapit-il. Qui m'a foutu une femme dépensière comme ça ?

Si vous avez le malheur de sortir d'une pièce — même pour 45 secondes — en laissant la lumière allumée, il hurle :

— Éteins l'électricité ! Ça coûte cher !

Vous ne répondez pas : « Je te signale que c'est moi qui la paie », parce que, le samedi, il vous emmène traditionnellement déjeuner dans un restaurant trois étoiles, où il vous engage à commander homard, caviar, foie gras, bref, tout ce qu'il y a de plus cher.

En partant, après avoir payé l'addition flegmatiquement, il laisse 100 francs de pourboire supplémentaire pour le personnel ... ... et vous réclame immédiatement 10 francs pour le vestiaire.

Car votre époux a une manie : il prétend qu'il n'a jamais de monnaie, alors que vous entendez tinter les pièces dans ses poches. Il lui est arrivé de vous poursuivre jusque dans votre bain :

— T'as pas 10 balles pour le facteur des recommandés ?

— Attends que je plonge pour regarder dans la baignoire...

Comme vous, l'Homme se fiche des vêtements. Il

s'habille d'habitude d'un pantalon trop large en velours côtelé marron et d'une chemise à carreaux style canadien qu'il a achetée aux Puces. Plus une veste autrichienne en laine feutrée kaki que vous lui avez offerte avant le déluge. Il a tout d'un vieux jardinier.

Puis il passe par hasard devant chez Lanvin, y entre, et, d'un seul élan, commande — sur mesure — un costume noir, six chemises noires à col Mao, et un manteau en cachemire, toujours noir. Et allez donc !...

Mais c'est revêtu d'un immense ciré (encore) noir, lui tombant jusqu'aux pieds, et coiffé d'un chapeau de marin-pêcheur assorti enfoncé jusqu'aux oreilles, qu'il débarqua un jour à bicyclette et ruisselant de pluie à la boutique Cardin, Faubourg Saint-Honoré, où il vous avait convoquée. Vous avez du mal à vous retenir de rire de la tête des vendeuses devant ce géant d' 1,92 mètre, posant son vélo contre la vitrine, et chaloupant comme un patron de thonier dans l'élégant magasin.

Il avait retenu pour vous un somptueux — et extrêmement coûteux — manteau en daim fuchsia bordé de larges bandes de renard noir. Il vous allait divinement. Folle de joie, vous lui sautez au cou.

— Parfait, on le prend, dit-il aux vendeuses. Mais à une condition.

Un silence de plomb tomba sur la boutique.

Le marin-pêcheur allait-il marchander le prix ? Supplier de payer par traite sur vingt ans ?... Proposer d'échanger le manteau contre une tonne de thon ?

— Je voudrais, dit mon mari, hilare, que Monsieur Cardin me fasse une petite moustache en poil de renard noir, pour acccompagner ma femme. Son prix sera le mien.

Après un moment d'égarement, la vendeuse-chef retrouva son sang-froid.

— Mais bien sûr, Monsieur ! dit-elle avec l'amabilité d'une femme qui sait que, seuls les Anglais, originaux par nature, et les Français, ayant quelques économies à la banque, peuvent se permettre de telles excentricités.

Vous n'avez jamais su ce que Monsieur Cardin en pensa.

La moustache en poil de renard vous fut livrée avec le manteau, dans du papier de soie noué par un ruban rouge.

L'Homme ne la porta jamais, à votre grand dépit.

— Tu aurais l'air d'un danseur de tango... On ferait un couple terrible ! (vous adorez danser le tango).

— Ça va pas, non ? Je ne suis pas un gigolo. J'ai juste voulu rigoler et voir si on me jetterait dehors comme un clochard. Tu vois, l'argent peut tout... Triste !

Un jour la moustache disparut de votre armoire. Malgré ses dénégations, vous soupçonnez Petit Chat de se déguiser avec et de s'admirer devant la glace quand vous êtes sortie faire des courses.

Dans votre vie conjugale, un « détail » financier ne vous amuse pas.

Depuis trente-huit ans que vous êtes mariés, l'Homme vous donne toujours la même somme « pour la maison ». Oui ! La même somme depuis trente-huit ans !

Il y a trente-huit ans, ce montant vous faisait vivre largement, vous, votre petite famille, la bonne, la nurse, etc. Ce que vous considériez comme normal, ayant gardé de votre éducation à l'ancienne l'idée peu féministe que l'Homme devait tout payer, même si sa femme travaillait. (Vous ne l'avez jamais avoué à la Ligue des Gonzesses, vous auriez été jetée dehors sur-le-champ.)

Désormais cet argent couvre à peine le loyer de l'appartement et la femme de ménage.

Vous vous plaignez amèrement à votre époux tous les deux ou trois mois.

— Tu sais que le poireau a triplé, en trente-huit ans !

— ... M'en fous ! J'ai horreur des poireaux.

— Je ne peux pas m'en tirer avec les sous que tu me donnes.

— Désolé, je ne peux pas t'en filer plus, avec ce que je gagne.

— Tu as du culot ! Tu es le patron ! Tu n'as qu'à t'augmenter...

— La comptable est une pipelette, le personnel le saura et je devrais augmenter tout le monde. Ce serait la faillite !

Vous n'en croyez rien, mais vous n'avez pas encore trouvé le moyen d'extraire quelques francs supplémentaires de la poche de ce rapiat entêté.

A moins que ... vous alliez trouver en douce le syndicaliste cégétiste maison, et lui suggériez de lancer une grève pour une augmentation générale des salaires...

Vous n'osez pas.

D'autant plus que votre radin obstiné, fidèle à lui-même, compense ses pignouferies mensuelles par de superbes cadeaux.

Une adorable petite Toyota 4x4 rouge, ressemblant à un jouet, pour vous permettre de vous balader dans les bois.

Une piscine à la Micoulette (dessinée à son idée, c'est-à-dire une coque de bateau renversée et soudée sur le rocher, alors que vous auriez tant aimé un beau rectangle de pierres et mosaïques ! Votre cher époux écarta votre projet d'un « *ce que tu peux être bourgeoise !* » méprisant qui vous cloua le bec).

Il vous offrit également — pour vos 50 ans — un appareil de musculation sophistiqué, digne d'une machine à torture du Moyen Age. Cela ne vous fit aucun plaisir qu'on vous rappelle que l'âge était en train de s'infiltrer dans votre chère carcasse. Vous avez descendu l'abominable truc à la cave. L'Homme s'en aperçut et vous demanda des explications.

— Je suis comme Winston Churchill à qui l'on demanda le secret de sa forme, et qui répondit en tirant sur son cigare : « No sport ! »

Comme tout le monde, votre Seigneur et Maître choisit les cadeaux qui lui plaisent à lui, mais pas forcément à vous. Ce que ce grand macho aime, vous devez adorer.

Par exemple, une hideuse paire de chenets modernes,

dorés et tortillonnés, pour la grande cheminée ancienne de la Micoulette.

Vous remerciez avec enthousiasme votre époux (votre chère grand-mère vous a bien élevée, sans compter qu'il faut encourager les bonnes intentions). Et vous planquez ces horreurs au grenier.

Hélas ! l'Homme s'en aperçoit.

— Où sont les chenets que je t'ai offerts ? Tu sais qu'ils valent une fortune.

Voilà une chose que vous ne supportez pas chez votre bien-aimé mari : les allusions au prix des cadeaux. Vous vous êtes plainte de cette inélégance à Lilibelle qui vous a juré qu'elle s'était pourtant donné un mal fou pour éduquer convenablement son fils.

Quant aux chenets, vous répondez à l'Homme que vous les avez rangés précieusement, en attendant la mort de votre papa.

— Je ne vois pas le rapport..., observe-t-il, surpris.

— Simple. Nos chenets actuels m'ont été donnés par mon pater familias. Ce sont des chenets de famille, et il serait blessé s'il ne les trouvait pas dans la cheminée quand il vient nous voir.

Votre pauvre cher Papa mourut, hélas, un jour.

L'Homme avait oublié ses chenets, jusqu'au jour où, au déjeuner, la bouche pleine de rillettes, il remarqua en fronçant les sourcils, les yeux fixés sur la cheminée :

— Est-ce que je ne t'ai pas donné, il y a quelques années, de splendides chenets...

— Heu... Si... Mais ceux qui sont dans la cheminée m'ont été offerts par mon pauvre Papa avant sa mort, et chaque fois que je les regarde, je pense à lui.

On ne peut reprocher à une fille de tenir au souvenir de son géniteur défunt.

— Qu'est-ce qu'on fait, alors, de mes chenets ? s'enquit votre époux. ... Ces rillettes sont délicieuses.

— Oui. J'ai trouvé un nouveau petit charcutier qui m'a l'air épatant ... On pourrait les donner à Justine pour Noël.

— Bonne idée !

Hélas ! Fille Aînée n'apprécia pas non plus les che-

nets de l'Homme. Et vous demanda en douce la permission de les offrir à sa belle-mère. Laquelle les
donna cérémonieusement à une lointaine nièce. Les
chenets circulèrent ainsi de famille en famille... Et
vous revinrent, par on ne sait quel miracle, au bout de
cinq ans. Vous en fîtes un beau paquet-cadeau pour
Monsieur Louis, à la Micoulette, qui parut enchanté et
déclara qu'il allait les mettre dans sa chambre. En tout
cas, les chenets ne réapparurent jamais chez vous.
Ouf !

Chapitre VIII

Fiestas

> *Fêtes et cadeaux font vivre l'amour*
> *comme le grain le pigeon.*
>
> (Proverbe inventé par l'auteur.)

Il ne suffit pas d'aimer. Il faut le montrer. Par des réjouissances. Et des présents.

Dans votre famille, trois clans s'affrontent.

Premier clan : ceux qui sont pour souhaiter à chacun la fête de son saint patron. Même s'il n'existe pas.

Cas d'Alizée qui a, d'autorité, fixé la date du Bienheureux Alizé au 8 juin, jour de la Saint-Médard, sous prétexte que c'était un saint très généreux, « y compris avec les paresseux ». Et que les porte-monnaie familiaux vidés par les fastes de Noël se sont remplis depuis avant d'être asséchés à nouveau par les prodigalités des vacances.

Par contre, depuis ses 20 ans, Petite Chérie refuse la moindre festivité (et même le moindre cadeau — c'est dire sa tristesse —) pour son anniversaire. Qu'elle passe seule au lit dans son petit studio, rideaux tirés, et répondeur branché. Elle prétend qu'elle médite *Les Pensées* de Pascal. Vous croyez plutôt qu'elle dort. Désespérée d'avoir un an de plus.

Lilibelle partage son point de vue. La moindre allusion à son âge vous brouillerait avec elle pendant trois mois. Vous n'avez même jamais révélé à son fils — votre cher époux — qu'elle s'était rajeunie de trois ans

en transformant le 1, dernier chiffre de son année de
naissance en 4, sur tous ses papiers d'identité.

Deuxième clan :
Grand-Papa Jules, qui déteste son prénom qu'il
trouve peu reluisant, plus digne d'un matelot de pont
que d'un officier de marine de grade supérieur. Le
12 avril, jour de la Saint-Jules (pape de 337 à 352), personne ne bronche.

Troisième clan :
Tous les autres membres de la tribu qui attendent
avidement les jours bénis où cadeaux, fleurs, gâteaux
et souhaits leur seront joyeusement offerts.
Y compris vous. Qui pourtant, comme Grand-Papa
Jules, détestez votre prénom. Vous l'avez reproché à vos
parents dès que vous avez été en âge d'aller à l'école, où
vous avez été immédiatement surnommée : « Nicole-
Pot-de-Colle ». Votre père a bougonné que, d'après la
tradition, dans sa famille à lui, vous auriez dû vous
appeler Céphise, et que vous auriez été baptisée :
« Céphise-tu-nous-les-brises » (cas de votre sixième
sœur). Votre mère vous a révélé que Nicole venait du
grec Niké (Non !!!... pas « niquer » !), et signifiait
Victoire. Car, avait-elle chuchoté, vous aviez été conçue
dans l'ivresse de la victoire, à Malte, de l'équipe française de polo d'Afrique du Nord, dont votre papa,
sémillant lieutenant de cavalerie à l'époque, était capitaine, lors d'un match grandiose contre l'équipe britannique. Victoire fêtée dans des flots de champagne. Vous
êtes née neuf mois plus tard. Vous avez beau aimer
énormément vos parents, le polo et le champagne, cela
ne vous a pas consolée. D'autant plus qu'il n'existe pas
de sainte Nicole. A part vous, évidemment. Vous êtes
donc obligée de chantonner à la ronde, dès le
1er décembre, que le cher grand saint Nicolas est votre
saint patron : « ... Saint Nicolas ... le 6 décembre .... Tra
la la ... 6 décembre ... Saint Nicolas ... roi du chocolat... »
Hélas ! Comme Noël approche, avec son lot de
cadeaux (souvent déjà achetés), les poches sont vides.

Vous n'avez droit qu'à deux petites bottes d'anémones achetées précipitamment par vos filles au marché (et fanées le lendemain) et un gros pot d'azalées roses envoyé par l'Homme. Que vous remerciez de bisous tendres, et à qui vous n'avez osé avouer qu'une fois en trente-huit ans que vous détestiez les azalées. Et que vous adoriez les orchidées.

— Les orchidées ? Quelle drôle d'idée ! a marmonné votre époux qui a immédiatement oublié cette extravagance.

Vous êtes quand même contente (des azalées et des anémones). Parce que vous avez un curieux défaut. Les fleurs sont une de vos passions. Vous envoyez facilement d'enchanteurs bouquets ronds, de chez votre très chic et gentil fleuriste, à vos filles, vos copines, vos sœurs et même votre chère concierge. Mais vous ne commandez jamais six petites roses pour vous. Cela vous apparaît comme une dépense coupable. Un péché. Peut-être l'influence des Bonnes Sœurs de votre enfance pour qui les fleurs étaient réservées à Dieu ? A moins que vous ne supportiez mal de les voir se faner ?... (Freud, au secours !)

Pourtant, l'un des meilleurs souvenirs que vous gardez des années de guerre, passées au Maroc avec votre mère, est la promenade, le mardi, en « carrossa » (vieille voiture à cheval traînée par une carne étique et conduite par un cocher arabe aussi maigre qu'elle), au marché aux fleurs de la médina d'où vous reveniez avec de quoi remplir la maison du haut en bas de vases somptueux et odorants.

Une fin d'après-midi, votre antipathique Beau-Père n° 2 (dit Le Gorille Grognon) téléphona à votre mère de venir immédiatement à la Résidence (siège du gouverneur) pour décorer la salle à manger où le général Clark et ses officiers américains — qui venaient de débarquer en Afrique du Nord (après avoir bombardé votre couvent) — devaient dîner impromptu avec le représentant de la France.

Trop tard pour descendre au marché aux fleurs. Votre mère, bien embêtée, regarda par la fenêtre et

poussa un cri de joie. Le bled était couvert de charmantes et courtes fleurs jaune soleil, ressemblant à des
renoncules. Vous fûtes chargée d'aller les cueillir en
hâte, tandis que l'auteur de vos jours les disposait har-
monieusement dans des cendriers en verre sur la
grande table.

Quand la tâche fut terminée — juste à temps pour le
dîner — votre mère et vous reculâtes pour admirer
votre œuvre.

Un cri d'horreur vous échappa. Toutes les jolies
fleurs couleur or s'étaient refermées avec le coucher du
soleil, et ressemblaient à des cure-dents jaunâtres
piqués dans de la mousse verte. Le Gorille Grognon,
furieux, engueula votre pauvre mère, et expliqua au
général Clark, un peu surpris, qu'il s'agissait de fleurs
typiquement marocaines surnommées « *les allumettes
du Maghreb* » qui portaient chance parce qu'elles
annonçaient la pluie, toujours bienvenue sous ces
cieux brûlants. Le général américain fut particulièrement ravi d'apprendre qu'il avait la baraka. Malheureusement, quand il réclama plus tard des « *allumettes du
Maghreb* », personne ne sut de quoi il s'agissait.

Pour les anniversaires, chez vous, seuls les enfants
ont le droit d'avoir le nombre de bougies correspon-
dant à leur âge. Quand il s'agit des adultes, vous piquez
poliment sur le gâteau au chocolat une seule bougie
blanche, symbole de l'année à venir.

Lorsque votre tour arrive, vos trois petits-enfants
adorent vous demander en chœur :

— Quel âge tu as, Mamie ?

Question à laquelle vous répondez, non moins traditionnellement, par un joyeux :

— Mamie a toujours 20 ans !

(Si cela pouvait être vrai !)

Autres fêtes : celle des Mères, celle des Pères, celle
des Grands-Mères, celle des Amoureux (la Saint-
Valentin), etc.

Après un vote unanime (moins une voix : celle de

Monsieur Gendre n° 2, toujours avide de festoyer en famille) et sur l'impulsion de l'Homme, la famille décida qu'on ne célébrerait pas ces « fêtes commerciales » conçues par les fleuristes, les chocolatiers, les bijoutiers, etc., pour faire marcher leur petit business.

Vous étiez enchantée, de votre côté, de ne pas avoir à préparer quatre fêtes de plus (vous en aviez déjà dix-sept sur les bras).

Vous aviez oublié l'école.

Et que, dès le mois de février, les maîtresses encourageaient leurs petits élèves à montrer leur amour filial en créant de leurs menottes malhabiles des colliers et des bracelets en macaronis peints de toutes les couleurs, des cendriers en pâte à modeler rose vif avec des traces de doigts, d'étranges dessins de votre maison de campagne avec dix-sept cheminées et aucune porte (vous aimez mieux ne pas savoir ce qu'en penserait la psychologue de l'école), des pots de yaourt — pour ranger les crayons — décorés de timbres piqués dans votre bureau, etc. Toutes horreurs que les parents accueillent avec force cris admiratifs et tendres baisers, et qu'ils camouflent pieusement et définitivement dans le haut de leurs armoires.

Matthias et Émilie — qui ont dépassé l'âge de « ces enfantillages » — vous empruntent une avance sur leur argent de poche (qu'ils ne vous rendront jamais), et offrent à Fille Aînée une boîte de chocolats du Prisu (la moins chère).

« Bonne fête des Mères, petite Maman ! »

Justine n'aime pas le chocolat. (Inouï, non ?) Elle vous refile la boîte — « Bonne fête des Mères, petite Maman ! » — que, pour cause de régime, vous déposez chez Lilibelle, de la part de l'Homme. Celui-ci s'est énergiquement refusé à offrir le moindre chapelet en noyaux de cerise à sa mère.

— Jamais ! crie-t-il tous les ans. C'est une fête à la con, sans vraie tradition !

Ce qui n'empêche pas Lilibelle de picorer avec délice

ses chocolats à la file, pic-pic-pic. Sans grossir d'un gramme. Exaspérant, non ?

Quant à Petite Chérie, elle se contente d'un coup de fil éclair.

— Je te souhaite cette fête idiote, parce que, sinon, tu t'imagineras que je ne t'aime pas, et tu pleurnicheras.

— Je ne pleurniche jamais ! répondez-vous, furieuse.

— Si, tu pleurniches en dedans...

C'est vrai. Que celles qui n'ont jamais pleurniché en dedans vous jettent la première pierre.

Reste la Fête des Fêtes : Noël.

Le cauchemar de Fille Aînée.

Quand Justine avait divorcé de Raoul, père de Matthias et d'Émilie, elle vous avait annoncé d'un air grave que le couple s'était juré de rester ami, et que leurs enfants ne souffriraient pas — enfin, le moins possible — de la séparation de leurs parents.

Premier accroc. Monsieur Gendre n° 1, grand reporter toujours par monts et par vaux, ne payait pas souvent sa pension alimentaire à l'heure. Justine bondissait alors sur son téléphone cellulaire pour lui rappeler, même à l'autre bout du monde, que SES enfants mangeaient, EUX, à midi trente précis à la cantine de l'école. Des algarades furieuses s'échangeaient de portable à portable, entre Paris et la Mongolie-Extérieure. L'argent arrivait enfin. Le calme revenait.

Deuxième accroc. Un mois après son départ (furtivement, de nuit, pour éviter les sanglots des bambins), et son emménagement dans un splendide cinq pièces (trop grand, trop cher, avait estimé Fille Aînée, mais Raoul répondit que deux chambres étaient prévues pour les week-ends de Matthias et d'Émilie... Toc !), Monsieur Gendre n° 1 installa chez lui la fameuse Odile.

Celle-ci, telle une murène, surgit de son trou où elle s'était dissimulée depuis des mois, et prit la direction de la maison en main. Au grand dam de vos petits-enfants qui avaient projeté de « faire les fous chez

Papa », et de Justine qui avait secrètement escompté gouverner la vie de son ex de loin.

Les deux femmes se haïrent immédiatement (on l'a vu), tout en conservant d'hypocrites rapports mielleux.

Arriva le premier Noël après divorce.

Début décembre, Fille Aînée téléphona au père de ses deux aînés, d'une voix calme :

— Juste pour te rappeler que, comme tous les deux ans, il y aura le grand réveillon de Noël chez mes parents, et que Maman compte sur toi.

— Comment ça ?... Mais on est divorcés !

— Et alors ? Cela ne t'empêche pas de passer Noël en famille avec TES enfants. Et tu sais très bien que Maman t'adore.

— Mais je suppose qu'il y aura aussi ton mari ?

— Pas mon mari : mon compagnon. Après la vie que j'ai menée avec toi, il faudrait me payer cher pour que je me remarie. Cela dit, on s'adore, Benoît et moi. TES enfants l'adorent. Il adore TES enfants, et se donne un mal de chien pour eux. Ce dont tu devrais lui être reconnaissant.

— Mais je suis très reconnaissant à ce saint homme ! Cependant, je voudrais faire remarquer que j'ai des parents qui aimeraient, peut-être, eux aussi, avoir leurs petits-enfants pour Noël.

— Maman leur a déjà téléphoné. C'est arrangé. Le réveillon de Noël aura lieu chez mes parents, et celui du 31 décembre chez les tiens. L'année prochaine, ce sera l'inverse. Bon ! Au 24... Salut !

Elle raccrocha. Monsieur Ex aussi, en grommelant.

— Qui c'était ? demanda Odile qui avait parfaitement suivi la conversation.

— Mon ex-femme. Juste pour me rappeler qu'il y aura réveillon de Noël le 24 au soir avec les mômes, chez mes beaux-parents.

— Tes EX-beaux-parents !

— OK... OK ! Mes EX-beaux-parents.

— Et tu comptes y aller ?

— Ben... oui. Pour les petits, tu comprends.

— Et moi ?

— Quoi, toi ?

— Je le passe où, mon réveillon de Noël ? Seule, sous les ponts de Paris ?

— Ben... non. Heu... Tu viens avec moi.

— Chez tes EX-beaux-parents, avec ton EX-femme qui me hait sous ses airs de chattemite ! Et puis quoi encore ? Pourquoi ce n'est pas nous qui les prendrions, tes enfants ? Tu es LEUR PÈRE, après tout ! Tu as le droit.

— Oui, bien sûr. Mais c'est la brouille assurée, et j'ai la flemme de me disputer. Sans compter que Matthias et Émilie adorent leur petit demi-frère, Attila, et leur beau-père, le connard de dentiste, et qu'ils seraient bouleversés que la famille ne soit pas au complet.

— Quel méli-mélo !

— C'est la vie moderne, ma puce. La famille en kit.

— Je suis au courant. Je ne suis pas complètement idiote. Mais ça me casse les pieds... Noël, c'est ringard. Tiens, je préfère rester ici toute seule, avec la télé et une bouteille de champagne.

— Comme tu veux, ma chérie.

— Tu t'en fous, hein !... Que je vienne ou que je ne vienne pas, espèce d'enfoiré !

Odile éclata en sanglots. Raoul — qui se sentait coupable — la prit dans ses bras et la berça. L'emmerdeuse finit par se laisser convaincre de venir à votre merveilleux réveillon de Noël.

Ce qui ne vous enchanta guère, Fille Aînée et vous. Une discussion éclata. Devait-on lui mettre un cadeau au pied du sapin ?

— Ah non ! Je ne dépense pas un sou pour cette pétasse ! hurla Justine.

— Quand on reçoit quelqu'un, on le reçoit bien. Sinon, on n'invite pas, sermonnez-vous.

— Mais je l'ai pas invitée, moi ! répliqua Fille Aînée, c'est Raoul qui nous impose sa pute.

— Bon... Je vais m'occuper du cadeau, décidez-vous. Sinon, tu es capable de lui mettre du vitriol dans un flacon de parfum...

Trois jours plus tard un autre petit drame éclata.

Les parents d'Odile tenaient beaucoup à la présence
— à leur propre réveillon de Noël — de leur fille,
accompagnée de Raoul, « son fiancé », et des gamins
de celui-ci.

Vous vous liguez avec la mère de Monsieur Gendre
n° 1 contre ces nouveaux venus qui interfèrent dans
votre organisation familiale. D'abord, d'où sortent ces
gens que vous n'avez jamais vus et vos petits-enfants
non plus ? Sans compter que cette Odile, on la connaît
mal, remarqua aigrement la mère de l'Ex de Justine, et
qu'elle concubine officiellement avec mon fils depuis
seulement un mois.

— Ne vous en faites pas, ricana Fille Aînée, je
connais le bonhomme, cette liaison ne durera pas.

Les parents d'Odile furent priés sèchement de fêter
leur réveillon de Noël le 6 janvier, autour de la galette
des Rois. Et basta !

Arrive le moment que vous redoutez le plus : la corvée des cadeaux. Ce n'est pas dépenser vos sous qui
vous affole, mais trouver ce qui fera vraiment plaisir à
chacun des membres de votre tribu. Votre esprit se
révèle vide comme une nappe phréatique au Sahara
par temps de grande sécheresse. Pire : l'imagination
des vôtres aussi.

L'Homme (d'un ton las comme si vous lui proposiez
de courir le marathon de New York) : De quoi j'ai envie
pour Noël ? Mais de rien. Je ne veux surtout rien.

(N'empêche qu'il ferait une drôle de tête si son sou-
lier était vide !)

Fille Aînée : Ce que tu veux, ma Maman !
Vous : Mais encore ?
Fille Aînée (tout à coup excitée) : J'ai vu un très joli
tailleur bleu, Faubourg Saint-Honoré (Aïe ! Faubourg
Saint-Honoré, c'est cher !) Mais, attention ! Prends du
36 pour la jupe et 38 pour la veste avec un 95 de tour
de poitrine.
Vous : D'accord. Et pour ton bonhomme ?

Fille Aînée : N'importe quoi. Il est toujours content.

Vous : Alors, une cravate.

Fille Aînée : Tu lui as déjà donné une cravate l'année dernière.

Vous : J'adore acheter des cravates. Et comme ton père ne porte que des cols Mao, je suis frustrée.

Fille Aînée : Va pour la cravate.

Vous : Et les enfants ?

Fille Aînée : Demande-leur. C'est leur problème.

Matthias (poli) : Ce qui te fera plaisir, Mamie.

Vous : C'est très gentil, mon chéri. Mais c'est un cadeau destiné à te faire plaisir à toi.

Matthias : Alors, un VTT.

Vous : C'est quoi, un « vétété » ?

Matthias (consterné de votre ignorance) : Un Vélo Tous Terrains.

Vous : Diable ! (vous vous doutez que cela doit coûter une fortune).

Matthias (qui a deviné votre souci financier) : Tu peux peut-être t'arranger avec Benoît. Je lui en ai déjà parlé.

Le compagnon de Justine a l'air ravi de partager avec vous le prix du VTT de son beau-fils. Vous décidez d'aller le choisir ensemble. Dans le magasin, une petite fille se précipite vers Monsieur Gendre n° 2, se campe devant lui, ouvre grand la bouche et fait : « Aaaaaaaaaarrrrgggggghhhhhh »...

Le concubin de votre fille n'a pas l'air surpris. Vous, si. Il se penche vers la petite fille, inspecte ses dents et sa gorge, et dit gentiment :

— Tu peux refermer la bouche, ma chérie. Tout va bien.

Et, se tournant vers vous, avec un bon sourire :

— C'est une de mes petites patientes.

Vous aviez oublié que Monsieur Gendre n° 2 était dentiste.

Une fois la bicyclette acquise, se pose un problème. Où la planquer ? Vos petits-enfants, ivres d'impatience de voir leurs cadeaux de Noël, vont fouiller votre

appartement. Restent les W-C du palier de service utili-
sés comme placard fourre-tout, malgré l'interdiction
formelle du syndic de l'immeuble. Au diable les syndics
d'immeuble !... Mais ils ferment de l'intérieur (les W-C,
pas les syndics). Vous convoquez le serrurier, surpris.

— Pourquoi voulez-vous fermer vos W-C *de l'exté-
rieur* ?

— Pour emprisonner mon mari s'il me trompe.

— Ben, dites donc ! fait le serrurier, hilare, v'là un
truc que je ne vais pas raconter à ma femme !...

Faubourg Saint-Honoré, le tailleur bleu pour Fille
Aînée n'existe plus ni en 36, ni en 38, ni en 95 de tour
de poitrine, ni en bleu.

Vous décidez d'aller chez Vuitton lui acheter un sac.
Coûteux ! Mais votre Justine adorée mérite bien un
beau cadeau.

Vous entrez dans le magasin d'une allure détermi-
née. Vous reculez d'un pas. Il y a dans la boutique non
seulement une foule inouïe, compacte et tourbillon-
nante, mais elle est composée uniquement de Japonais
et de Japonaises. Même les vendeuses ont les yeux bridés et caquettent dans la langue des samouraïs. Au secours ! Vous êtes transportée à Tokyo ! Ah ! une vendeuse Visage Pâle : sauvée ! Vous vous précipitez sur
elle.

— Puis-je m'adresser à vous ? Nous sommes les
deux seules Françaises dans cette cohue.

— Je ne suis pas française, sourit-elle avec un léger
accent, mais belge, et mon mari et mes enfants sont
japonais.

Tant pis. Vous réclamez votre petit sac Vuitton
qu'une créature du Pays du Soleil-Levant tente de vous
arracher en poussant des piaulements d'admiration.

Et vous craquez.

Vous avez un gros défaut (Eh oui ! Encore !).
Comme l'Homme, vous n'achetez que des objets qui
vous plaisent. Au point que — souvent — vous ne pouvez vous empêcher de les garder pour vous. C'est ce qui
arrive avec le sac Vuitton. Du coup, vous en prenez

deux : un pour votre fille, et un pour vous. Conséquence : un gros trou dans votre budget « cadeaux de
Noël ». Vous vous consolez hypocritement en pensant
que vous ne faites jamais d'emplettes pour vous le reste
de l'année. Vous avez bien le droit de vous gâter un
peu, non ? Car vous savez ce que vous allez trouver,
vous, dans votre pantoufle noire, au pied du sapin : des
bougies parfumées. Toute votre petite famille connaît
votre passion. En plus, voilà un cadeau épatant : pas
cher, facile à trouver. Bref, vous vous retrouvez avec
assez de bougies pour parfumer votre rue entière jusqu'au Noël suivant.

Vous courez ensuite chez Hermès pour acheter un
foulard pour Lilibelle. En vous jurant (doigts croisés)
de ne pas céder à la tentation d'en prendre un
deuxième pour votre collection. Vous retrouvez dans le
célèbre magasin la foule des Japonais et Japonaises de
chez Vuitton entourant d'une haie infranchissable
le comptoir aux légendaires carrés de soie. Vous
avez beau crier « Pardon !... Pardon !... », pousser des
gentlemen asiatiques, essayer de vous glisser entre
deux kimonos, rien à faire. Vous avez recours aux
grands moyens. Vous pincez la fesse gauche, plate et
basse, d'une honorable dame aux yeux bridés. Elle
pousse un cri strident, se retourne, et gifle un non
moins honorable samouraï à lunettes à côté de vous
qui proteste en glapissant. Vous profitez de l'alterca-
tion pour vous glisser à moitié à quatre pattes entre les
combattants, arracher du comptoir deux ravissants
foulards et vous enfuir avec (après avoir payé, tout de
même). Eh oui ! Vous avez encore craqué pour un nouvel exemplaire à ajouter à votre collection.
    Votre trou financier devient gouffre. Votre charmant
conseiller financier de la BNP va vous faire la tête
(l'Homme s'en fout). Mais vous êtes enchantée et
Lilibelle le sera également, à qui vous direz en lui don-
nant son foulard :
    — Vous pouvez le changer, bien sûr, s'il ne vous plaît
pas.

Elle le fera.

Ce qui vous agacera prodigieusement. Vous vous flattez d'avoir bon goût (Pardon, petit Jésus ! Vous êtes, aussi, un peu vaniteuse), et cet échange sera une insulte à votre choix délicat.

Vous galopez chez Christian Lacroix, à l'autre bout du Faubourg.

Japonais à la pelle. Japonaises à la louche. Impossible d'entrer. Heureusement, pas très loin, vous connaissez un petit magasin qui vend de charmants bijoux pas trop chers. Ô rage, ô désespoir ! Un car de Japonaises venant de Tokyo l'a découvert aussi. Tant pis, vous allez réemployer les grands moyens. Vous entrez en criant : « *Kaji ! Kaji !* » (traduction : « AU FEU ! AU FEU ! »). Les Tokyoïstes s'élancent vers la porte, sortent en se bousculant et en vociférant, à la stupeur des vendeuses. Vous restez seule, tranquille, dans la boutique, à la recherche de boucles d'oreilles en pierres de couleur qu'adore Petite Chérie. (Elle en perd régulièrement une sur deux, vous ne voulez pas savoir dans quelles circonstances, mais vous soupçonnez des ébats amoureux agités...)

Hélas ! la mode est toujours aux croix qui pendouillent. Or si, avec les années, vous êtes devenue agnostique, un vieux fond chrétien vous empêche d'admettre que l'on puisse se servir du symbole de la mort du Christ comme accessoire décoratif pour oreilles. Vous l'expliquez sévèrement à la vendeuse, qui s'en fout, et vous prend pour une bigote de Trifouillis-les-Oies. Heureusement (l'heure tourne) vous apercevez un long collier au bout duquel pend une tête de taureau qui fera le bonheur de votre aficionada de fille.

Laquelle, au même moment, est en train de jogger dans les étages des Galeries Farfouillettes, les bras pleins de paquets, et, dans son sac, une carte Visa à sec. Une année, ayant dépassé son crédit, la carte refusa de payer. Il ne restait plus un centime dans les poches de votre cadette. Elle avait dû faire la manche dans la rue (avec ses paquets) pour un ticket de métro.

Un monsieur chauve mais propre de sa personne lui en avait donné un et proposé de la raccompagner chez elle en portant la moitié de ses achats. La folle avait accepté. Arrivés à la porte de son immeuble, le type avait essayé de la suivre dans l'ascenseur. Petite Chérie avait dû s'en débarrasser en hurlant « Au viol ! », ce qui avait attiré le mari de la concierge avec un marteau. Le monsieur s'était enfui en jurant qu'on ne l'y reprendrait plus à porter le barda des demoiselles.

Allons bon ! Vous avez oublié les cravates de vos gendres.

Vous repartez chez Lanvin, d'où vous venez — vos pieds commencent à crier grâce —, et vous y choisissez deux merveilles. Mais il vous apparaît que vous ne pouvez pas offrir le même cadeau à votre ancien et à votre actuel gendre. Ce serait de mauvais goût.

Vous décidez donc de rajouter pour le numéro 2 un petit foulard assorti à la cravate. Parfait ! Vite, deux paquets-cadeaux. Hélas ! Dans votre hâte à terminer vos courses, vous ne pensez pas à faire marquer sur chaque pochette les initiales du destinataire. Ce sera donc votre ex-gendre qui recevra cravate et foulard assorti, tandis que le n° 2 devra se contenter d'un simple ruban de soie. A la fureur de Fille Aînée qui vous accusera une fois de plus — entre quatre z'yeux — de préférer son ancien compagnon au nouveau. Ce que, à votre tour, vous refusez fermement d'avouer, mais faisant remarquer au passage à votre héritière qu'après tout, aucune loi n'oblige une belle-mère à aimer ses gendres. Vous confessez simplement que vous êtes en train de devenir gâteuse.

Ce qui est peut-être vrai.

Cette année est à marquer d'une pierre blanche. Vous savez quoi offrir à l'Homme. D'habitude, on l'a vu, c'est une tâche impossible. Il ne boit pas. Il ne fume pas. Il ne porte plus de cravate. Il a lu tous les livres. Il reçoit de ses auteurs une quantité infernale d'accessoires de bureau, y compris cinq agendas qu'il oublie dans un tiroir et redistribue à sa famille en mars, quand tout le monde a déjà le sien.

Il y a deux mois, il s'est plaint d'avoir froid le soir dans son kimono de coton, surtout dans les pièces au chauffage campagnard de la Micoulette. Vous allez donc lui acheter une bonne robe de chambre en flanelle.

Pendant que vous étiez chez Lanvin, vous vous êtes renseignée sur le prix d'un modèle. Vous avez failli tomber évanouie en entendant le montant. Une cravate, d'accord. Deux, bon... Avec un petit foulard, à la rigueur. Mais la robe de chambre (hélas, très belle) dépasse vos possibilités financières.

Vous sautez donc dans un taxi (vos pieds ont doublé de volume), et vous foncez au magasin chinois boulevard Saint-Germain. Miracle ! il y a de très jolis kimonos en flanelle grise. Malheur ! ils sont taillés pour des Chinois nains. Ils arriveront au ras des fesses de votre grand mari qui se plaindra de vent coulis dans les parties nobles de son individu. Vous faites part de vos craintes à la vendeuse. Avec une amabilité que bien des Françaises pourraient lui envier, elle téléphone à toutes les boutiques chinoises de Paris. Hourrah !... Il reste un XXL boulevard Haussmann. Vous le faites retenir, vous sautez dans un deuxième taxi, et, toujours accompagnée de votre ange gardien qui a dû user trois paires d'ailes à vous suivre depuis ce matin, vous arrivez boulevard Haussmann où vous arrachez le kimono conjugal à une autre dame, mariée, elle aussi, à un immense bûcheron.

Hop ! Vous remontez dans votre taxi et, accélérateur au plancher, vous filez à la FNAC pour votre dernier achat : les livres.

Au passage (deuxième arrêt du taxi), vous bondissez acheter la trousse à maquillage de ses rêves d'Émilie. Votre petite-fille a été très longtemps persuadée de l'existence du Père Noël. Un jour, elle vous a dit avec tristesse : « A l'école, on est seulement deux à croire au Père Noël : la maîtresse et moi. »

Elle a toujours envoyé ses lettres non pas au vieux

barbu, mais à « Madame la Femme du Père Noël ». Vous lui avez demandé pourquoi.

— Ce sont les mamans qui s'occupent des petits enfants, et même de tout ! a-t-elle répondu.

Vous avez été très fière. La relève féministe était assurée chez vous.

Vous entrez à la FNAC avec vos dix paquets, et en boitant malgré les baskets que vous avez précaution-neusement chaussées avant de partir. Et qui jurent avec votre veste de fourrure et votre pantalon noir (Vous croyez savoir que pour faire des courses dans des boutiques « chic » de Paris, il faut être soi-même élégante, à moins d'être une milliardaire excentrique de la jet-set. Sinon, les vendeuses — snobs comme des pots de chambre — vous dédaignent et vous font attendre).

Là, vous attrapez un très bel album sur les grands voiliers pour le contre-amiral (vous avez prévu qu'il recevrait trois pipes. Gagné !), et le Goncourt pour Odile (il n'est pas très bon, cette année, mais ça ira...).

Se pose un problème : la FNAC a la sale habitude de vous filer les livres — mêmes ceux que vous offrez — dans un sac de plastique, sans emballage cadeau. Alors que le livre est, à votre avis, un des plus beaux cadeaux du monde, non ? Vous avez même, un jour, écrit une réclamation dans ce sens à la direction du magasin.

Est-ce votre réclamation ou pas ? Toujours est-il qu'au moment des fêtes de Noël, un service spécial empaquette les bouquins dans du joli papier, avec un joli nœud. Mais, comme l'être humain est farci de contradictions, après hésitation, vous n'y allez pas. D'abord, il faut faire la queue, ce que vous détestez, d'autant plus qu'il vous a déjà fallu attendre à une caisse débordée. Ensuite, vous avez envie de feuilleter, soigneusement, avant de le lui donner, l'album sur les grands voiliers de Grand-Papa Jules.

Vous vous promettez de revenir en janvier refaire une nouvelle réclamation à la direction de la FNAC pour qu'elle prévoie une vaste publicité : « *Offrez des livres, le cadeau de toute l'année* ». Pourquoi ne recevrait-on qu'à Noël des bouquins artistiquement empaquetés ?

(La FNAC a dû vous entendre par télépathie. Depuis, un panneau avertit les clients que le service d'accueil — où il y a toujours également une file d'attente — peut remettre aux clients intéressés du joli papier pour faire eux-mêmes leur paquet-cadeau. Allons, Messieurs de la FNAC, un beau geste en ces temps de chômage : embauchez un SDF pour ce petit boulot. Signé : un auteur-lecteur qui ne sait pas faire les paquets.)

Emballées ou pas, les courses sont finies.

Enfin, presque. Il vous reste à ne pas oublier d'acheter le 24 décembre au matin 100 grammes de grosses crevettes pour Melchior.

Quand vous lui avez demandé ce qu'il désirait pour Noël, il vous a répondu tranquillement :

— Une souris.

— Comment ça, une souris ? Tu en as déjà trois du Prisu.

— Oui, mais ce sont des jouets. J'ai envie d'une souris blanche à croquer. On en trouve plein sur les quais.

— Quelle horreur ! Tu veux manger une pauvre petite souris blanche vivante, après l'avoir torturée avec tes griffes ! Tu es un monstre !

— Les chats, c'est fait pour dévorer les souris. Et toi, tu avales bien des huîtres qui bougent encore !

— Elles ne couinent pas comme les mulots que tu attrapes à la campagne... et que tu déposes sur mon lit.

— Je croyais que cela te faisait plaisir.

— Menteur ! Tu m'entends bien pousser des cris d'épouvante !... Non, je vais t'offrir un joli collier.

— Pas question. Je suis un chat libre.

— Bon, alors : des crevettes ?

— OK pour les crevettes.

Vous attendez de nouveau une demi-heure avec vos douze paquets, à la station de taxis. En compagnie d'autres dames surchargées, elles aussi, comme des mules. C'est là que vous regrettez de ne pas être japonaise. Vous voyez passer plein de cars transportant des touristes aux yeux bridés, confortablement assises dans de moelleux fauteuils.

Enfin chez vous !
Vous laissez tomber vos paquets dans l'entrée.
Vous vous asseyez par terre.
Vous arrachez vos baskets de vos pieds torturés.
Et...
...la foudre s'abat sur vous.
Vous avez oublié d'acheter le cadeau d'Attila, votre petit chéri !
...Une montre.
...Sa première montre.
Vous éclatez en sanglots.
L'Homme entre à cet instant et reste stupéfait.
— Qu'est-ce que tu fais assise par terre dans l'entrée, en train de pleurer ?
— Je suis ivre de fatigue... J'ai fait les courses de Noël toute la journée... et j'ai oublié le cadeau d'Attila...
— Mais tu l'achèteras demain, dit l'Homme paisiblement. J'ai faim.
— Tu te fais cuire des nouilles tout seul, comme un grand ! déclarez-vous haineusement. Moi, je vais me coucher.

— Pourquoi tu n'envoies pas ton bonhomme acheter, lui, la montre de votre petit-fils ? vous demande un peu plus tard, au téléphone, votre copine Anaïs. Justement, demain c'est samedi.
— Il va bouder. Il a horreur de faire les courses. Et, le samedi est un jour sacré : il regarde le sport à la télé, étendu sur le canapé, comme tous les grands sportifs.
— Moi, le mien, c'est pareil, rigole Anaïs. Alors j'ai un truc : je le menace de partir toute la journée avec la télécommande après avoir branché le poste sur Disney Channel. Affolé, il préfère cavaler un quart d'heure faire « la » course... plutôt que de se lever dix fois et de

chercher à tâtons la chaîne de son foot débile, de son cyclisme ringard et de son tennis qui l'endort, etc.

Vous avez essayé.

Ça marche !

Chapitre IX

Copains et copines

Parce que ce sont Elles, parce que c'est Vous...
parce que ce sont Eux, parce que c'est Lui...

(Inspiré par Montaigne.)

Quand un couple se forme, chacun apporte dans ses bagages sa bande de copains. Le mélange de tous ne se passe pas forcément sans problèmes.

Les amis célibataires de l'Homme ne voient pas toujours d'un bon œil une femme s'installer dans sa vie. Particulièrement les machos dont il est encombré. D'accord pour les liaisons éphémères. Au contraire. C'est l'occasion de bavardages et de petits rires vaniteux. Les mâles aiment, paraît-il, se vanter de leurs conquêtes surtout si elles sont jolies.

Mais une créature dont il est fou amoureux au point de casser les oreilles des autres avec des louanges exaltées ou des silences extasiés, une « femelle » dont il dit : « C'est la femme de ma vie ! », une nana avec laquelle il disparaît le soir et les week-ends et qu'il accompagne en voyage, en vacances, et même en excursion à la pointe du Raz, cette « pétasse »-là les énerve prodigieusement.

Finies les parties de poker du samedi soir où l'on pouvait foutre le bordel dans l'appart' de l'Homme célibataire. Finies les parties de tennis du dimanche matin suivies de conversations passionnantes au bar sur le foot (que les « mémères » détestent en général). Sur la politique (à laquelle elles ne comprennent rien, bien que ce grand fou de général de Gaulle leur ait donné le droit de vote, et qu'il y a même des ravissantes qui deviennent ministres. On croit rêver !). Sur les autres femmes, les vraies, celles qui admirent les grands mâles.

— Tu savais que la pouffiasse de Georges-qui-n'est-pas-là-aujourd'hui est une vraie blonde ? Si, si ! Il me l'a juré sur la tête de sa mère.

— Il paraît que la petite amie du patron va diriger le service de presse.

— Celle qui ressemble à Claudia Schiffer ?

— Ouais. On dit que c'est une baiseuse terrible.

— Peut-être. N'empêche qu'elles sont maintenant partout, les bonnes femmes ! Elles dirigent le monde.

— Ouais ! Aussi, t'as vu le désordre que c'est !

— Figurez-vous que, hier soir, j'ai dragué une brune sublime. Elle m'a emmené chez elle. J'étais tellement bourré que, ce matin, quand je me suis réveillé, impossible de me rappeler son nom. J'ai dû ramper à poil jusqu'à son sac pour regarder ses papiers d'identité.

— Moi, je ne suis pas dans la merde ! Tina, la petite actrice italienne que je vous ai amenée une fois, elle veut à tout prix s'installer chez moi. A l'idée qu'elle va occuper 120 pour cent de ma salle de bains avec ses milliers de flacons, de pots, de tubes, etc., j'en frémis.

— Je te comprends. Moi, je permets la brosse à dents, et c'est tout.

Les hommes aiment également évoquer leurs souvenirs communs qui n'amusent qu'eux.

— Tu te rappelles quand on avait emmené une mignonne à Deauville, pour le week-end, et que ta Porsche était tombée en panne sur l'autoroute, et qu'elle l'avait réparée comme une pro ?

— Ben oui : c'était la fille d'un garagiste.

— On avait l'air de deux cons !

— Je ne sais pas ce qu'elle est devenue, celle-là...

— Elle tient peut-être un garage à Pithiviers.

— Et la femme du boulanger du village de ta grand-mère qui était amoureuse de toi et qui nous apportait des croissants chauds, au lit, tous les matins ! Et après, moi, il fallait que je déguerpisse de la chambre pendant un quart d'heure. T'étais un rapide, dis donc !

— Pas moi, elle. Son boulanger de mari la surveillait de près.

— Dis donc, l'année où on a été skier à Chamonix et où on a pissé devant le Grand Hôtel en écrivant nos noms sur la neige, tu n'avais pas séduit une superwoman de choc qui dirigeait une maison de production de films ?

— Si. Mais je l'ai plaquée. Enfin... c'est plutôt elle qui m'a viré. Elle voulait porter la culotte.

— Tu connais la réponse du mari de Margaret Thatcher à qui l'on demandait qui portait la culotte au 10 Downing Street, et qui répondait : « Moi. Mais c'est également moi qui la lave et la repasse. »

Quand vous êtes entrée — sur un coup de foudre — dans la vie de l'Homme, vous avez immédiatement senti, malgré leurs sourires hypocrites, les réticences de ses copains. Vous étiez « l'Emmerdeuse ».

A hypocrite, hypocrite et demie.

Sourire scotché sur les lèvres, approbation admirative de la moindre connerie, rire joyeux à la plus petite (et idiote) plaisanterie, silence de votre part pour ne pas gêner le joyeux babil de ces messieurs, même quand ils parlent chiffons. Si, si !... Ils parlent chiffons !

— Dis donc, elle est formidable, ta veste ! Tu l'as achetée où ?

— Chez Barnani.

— Tu t'emmerdes pas ! Et c'est quoi, comme tissu ?

— 160 pour cent cachemire.

Vous avez même préparé un buffet rustique somptueux pour accompagner la première partie de poker chez vous.

Les potes, ravis, applaudissent des deux mains.

Après quoi, vous avez enfilé votre plus joli manteau et attrapé votre sac Hermès du dimanche.

— Où vas-tu ? a demandé l'Homme, surpris.

— Dîner d'affaires.

Un bisou sur le front de l'Amour-de-votre-vie, et pffftttt... vous avez disparu.

Luc (sarcastique) : Dîner d'affaires ... un samedi ?... Tiens !

L'Homme (plongé dans ses cartes) : Quoi ?

Luc : Rien !

L'Homme (jetant ses cartes avec enthousiasme) : Flush royal !

Luc (aigre) : Heureux au jeu...

Votre époux commença à manifester moins d'entrain pour le poker du samedi soir après la naissance de Fille Aînée. Les cris joyeux de ses copains jusqu'à l'aube empêchaient votre bébé adoré de dormir. Elle exprimait son mécontentement par des hurlements de cochon égorgé. Vous en profitiez pour vous sauver au cinéma après avoir rappelé au père ses devoirs :

— N'oublie pas de lui donner son biberon de 11 heures, je ne suis pas sûre d'être rentrée...

L'Homme ne protestait pas, mais faisait la gueule, vexé de la désinvolture avec laquelle vous traitiez le grand fauve qu'il était. Surtout devant sa meute.

Les parties de poker eurent lieu désormais chez Philippe, qui vivait avec un certain Richard.

Vous avez remplacé le tennis du dimanche matin par une longue matinée d'amour. L'Homme ne s'en plaignit pas. Vous non plus quand il décida d'aller jouer à la baballe l'après-midi. Vous continuez avec délices votre grasse matinée, avec un bon bouquin. Jusqu'au jour où il rentra — sans prévenir — avec sa bande de joyeux sportifs. Lesquels s'installèrent confortablement dans votre salon avec l'intention évidente de dîner chez vous.

Habillée à la hâte d'une djellaba brodée, vous servez à la ronde de la blanquette de Limoux, et vous faites l'idiote.

L'heure tourne.

L'Homme est embêté, pris entre ses copains affamés

et sa femme qui ne sait pas faire la cuisine, et qui ne veut pas la faire.

Il se décide enfin.

— Dis donc, Titine (c'est vous), tu n'aurais pas un petit morceau de fromage à manger ?

Titine ouvre d'immenses yeux innocents et attristés.

— C'est que ... ce n'était pas prévu... et il n'y a rien dans le frigo !

(C'est presque vrai, mais le congélateur est plein. Seulement, voilà : vous ne voulez pas renoncer au petit souper en tête à tête et aux bougies prévu le dimanche soir avec l'Amour-de-votre-vie.)

David (têtu, lui aussi) : Même pas des œufs ?

Vous : Trois ou quatre, pas plus.

Luc : Et des spaghettis ? J'adore les spaghettis-parties !

Vous : Oh... il doit y en avoir un paquet dans l'armoire... Pas assez pour nous tous...

Alain : Enfin ! vous n'avez pas un épicier arabe dans le coin ?...

L'Homme, qui a compris qu'obstinée comme une bourrique béarnaise que vous êtes, vous préférez laisser brouter la moquette à ses copains plutôt que de faire cuire des spaghettis (Oui, oui ! En plus de tous vos défauts, vous avez une mauvaise nature !), propose alors :

— Et si on allait tout bêtement dîner dans un petit bistrot ?

Chœur d'approbation des potes :

— Génial !... Bien sûr !... Un petit bistrot... Épatant !

David : On m'a parlé d'un restau où l'on bouffe un pot-au-feu grandiose, mais c'est à l'autre bout de Paris.

Luc : Moi, j'en connais un, grec, pas cher du tout, à Saint-Germain-des-Prés.

Alain : Ça tombe bien, je suis complètement fauché.

David : Je ne suis pas fou des trucs avec des feuilles de vigne...

L'Homme : Pourquoi pas un couscous ?

Chœur d'approbation des potes :

— Formidable !... Vive un bon couscous !...

Luc : J'en connais un, aux Halles, marrant, avec une *pastilla* délicieuse : *Chez Ahmed*.

Vous (soulagée) : J'en ai pour cinq minutes à m'habiller, et on va chez Ahmed.

Vous foncez à trois voitures direction les Halles, où vous tournez en rond pendant une demi-heure pour garer les bagnoles. Finalement vous les abandonnez sur le trottoir. C'est dimanche, non ? Les flics vont quand même pas embêter de pauvres travailleurs un dimanche soir ! Du reste, ils sont en train de bouffer, les flics. Peut-être même du couscous.

Chez Ahmed il y a un monde fou.

— Vous avez réservé ? demande-t-il.

Phrase typique d'accueil qui vous énerve prodigieusement au seuil d'un restaurant vide (et prétentieux). Ce qui n'est pas le cas chez Ahmed.

— Ben, non...

— Oh ! là ! là !... Vous êtes combien ?

— Cinq.

— J'aurai une table libre dans vingt minutes.

Rien de plus agaçant que d'être piqués au bar comme des poireaux, pendant que les clients, bien installés, finissent leur dîner sans se presser, en vous regardant d'un air goguenard.

Chœur des potes :

— On reviendra une autre fois...

Sur le trottoir, l'atmosphère est à la déroute.

Alain (montrant une brasserie en face) : Et si on essayait là ? Ça n'a pas l'air mal.

Vous vous groupez tous autour du menu exposé dehors.

Luc : « Spécialité : escargots à l'ail »...

David : Je ne suis pas fou des escargots à l'ail. C'est lourd, surtout pour le soir.

Alain (énervé par la faim) : T'aimes rien, toi ! Déjà tu voulais pas des trucs grecs...

L'Homme (ton « moniteur de colo ») : Allons ! ne commencez pas à vous disputer... Je vous propose mon petit bistrot préféré à Neuilly, où le patron fait des brochettes de gambas divines. En plus, c'est un ami, et il nous trouvera toujours de la place, même dans sa cuisine.

Vous re-sautez dans vos trois voitures, et foncez vers Neuilly comme des gangsters en cavale.

Le petit bistrot préféré de l'Homme à Neuilly est fermé le dimanche soir.

Chœur désolé des potes :

— Non seulement les trois quarts des restaus sont fermés en fin de semaine, mais il est déjà 10 heures. Personne ne voudra plus nous servir. Qu'est-ce qu'on va faire ?... J'ai une faim à bouffer une boîte de Pal pour chiens !

Vous finissez honteusement au Mac Do.

Ambiance détestable. Les chers copains se lancent des vannes.

David (à Luc) : Comment va ta nana ?

Luc : Beuh !

David : Tu couches avec une conne.

Luc : Elle est bien roulée.

David : Oui... mais elle est conne.

Luc (avec du ketchup coulant sur son menton) : Je sais.

David : Pourquoi tu t'en trouves pas une autre ?

Luc : Celle-là me repose.

Alain (à l'Homme) : Catherine m'a quitté.

L'Homme : Désolé, mon pauvre vieux. On peut faire quelque chose pour toi ?

Alain : Elle voulait un enfant, et moi pas. J'ai eu raison, non ?

David (intervenant) : Bien sûr ! N'oublie jamais qu'il y a deux façons de voir les choses : la bonne, et celle des femmes.

Vous (explosant) : Dites donc, les mecs...

L'Homme (vous coupant la parole précipitamment) : Bon ! Nous, on va rentrer. Je bosse tôt demain... (se rappelant in extremis que vous travaillez à 5 heures du matin) ... et ma femme aussi !

Dans la voiture, vous ne pouvez vous empêcher de reprocher à votre époux la goujaterie de ses chers copains.

— Ils sont encore gamins. Tu verras, quand ils seront mariés ou pris en main sérieusement par une fille, tu ne les reconnaîtras plus.

L'Homme avait raison.

Ce qui prouve bien que l'amour fait des miracles.

Ou que les femmes sont des fées.

Les rapports de tous se modifièrent en effet imperceptiblement quand, les uns après les autres, les amis de votre époux se marièrent ou concubinèrent.

Ce n'était plus la même chose de dîner avec Luc, ou avec les Machins (Luc + sa femme). — Surtout que vous n'aimiez guère Luc, et que l'Homme ne pouvait pas souffrir sa femme. Ou le contraire... — D'aller le dimanche après-midi se promener dans les bois de Saint-Cloud, par exemple, avec Alain, ou les Trucs (Alain + concubine + bébé). — Surtout si vous ne vous entendez pas avec la compagne d'Alain et que l'Homme est exaspéré par le bébé pleurnichard. Ou le contraire...
— Etc.

Néanmoins, d'un même mouvement, les femmes décidèrent de laisser leurs chers compagnons s'amuser « entre hommes » au poker et au tennis. Seule la nana de David, de tempérament flirt, tenta de s'immiscer dans le groupe des potes. Elle n'obtint aucun succès. Surtout le jour où elle minauda :

— Qu'est-ce que vous pensez de l'amour, vous les hommes ?

L'Homme (bougon) : C'est quoi, ça « *l'Amûr* » ?... je demande deux cartes.

Luc : On n'est pas des bêtes. Il faut du sentiment dans la vie. Mais pas trop !... Je passe.

Alain : C'est un truc qui vous empêche de sortir quand on veut, de rentrer à n'importe quelle heure, de dîner avec de vieilles copines... Je relance de cinquante.

David : Juliette, ma chérie ! Arrête de nous emmerder avec tes questions idiotes. Tu ne vois pas qu'on joue sérieusement ?

Même si certains copains de l'Homme ou leurs compagnes vous déplaisent, vous vous gardez bien — encore et toujours — de la moindre réflexion malveillante.

Parce que, de votre côté, vous avez une horde de copines.

Et que vous savez parfaitement que votre époux ne les apprécie guère.

Machisme ou jalousie ?

Peut-être les deux.

Vous distinguez plusieurs catégories d'amies.

La copine d'enfance

La vie vous a éloignées. Cependant vous lui téléphonez plusieurs fois par an, d'un bout de la France à l'autre, pour évoquer de vieux souvenirs.

Françoise a été votre « amie de cœur » de 11 ans à 16 ans, au couvent Sainte-Jeanne-d'Arc.

— Tu te souviens quand tu avais mis du poil à gratter dans tous les lits du dortoir, et que les filles ont fait un chahut qui a réveillé jusqu'à la mère supérieure ?

— Tu parles si je me rappelle ! Qu'est-ce qu'on a rigolé !

Vous en gloussez encore, à 57 ans.

— Et quand on a piqué le jupon de sœur Saint-Georges, et qu'on l'a mis à la place du drapeau tricolore dans la cour. Elle a failli s'évanouir de honte.

Vous voilà reparties dans vos fous rires idiots.

En dehors de la distance géographique, autre chose est venu vous séparer petit à petit.

Quand vous lui demandez comment va sa vie, Françoise n'a que de bonnes nouvelles. Son mari ADORABLE fait une carrière MAGNIFIQUE dans la banque. Ses cinq enfants MERVEILLEUX sont tous BRILLANTS, réussissent à leurs examens les doigts dans le nez, trouvent des jobs ÉPATANTS, ne se DISPUTENT JAMAIS avec leurs parents, etc. Bref, l'existence de Françoise est une succession de bonheurs.

Et — pardon petit Jésus — cela vous agace.

D'accord, vous avez une mauvaise nature, vous venez de le dire. Mais vous ne pouvez vous empêcher de comparer cette réussite inouïe avec la suite d'emmerdements qui ont émaillé, et émaillent encore, votre existence. Et d'éprouver — oh, très légèrement, mais tout de même... — ce vilain sentiment qu'est l'envie.

A moins que tout ce que raconte Françoise soit bidon. Anaïs qui la connait un peu le prétend.

Toujours est-il que vous l'appelez de moins en moins. Elle, jamais.

La superwoman

Paule-Élisabeth dirige une chaîne radio d'une main de fer. Vous croyez savoir qu'elle a, quelque part, un mari et des enfants. Est toujours accompagnée d'un amant « officiel » (grosse tête à la télévision).

Vous l'apercevez entre une projection privée de cinéma et une première au théâtre. Vous déjeunez de temps en temps avec elle, « professionnellement ». Elle vous narre les derniers potins du show-biz que vous racontez ensuite à vos autres copines qui vous écoutent avec passion.

La rumeur parisienne vous apprend qu'elle a été virée de sa chaîne de radio en 24 heures.

Huit jours plus tard, elle vous téléphone d'une petite voix triste pour vous inviter à déjeuner « personnellement »...

...et vous conter ses malheurs.

Deux heures après son limogeage, tous ses téléphones se sont arrêtés de sonner.

Elle n'avait plus d'amis, plus de relations, plus d'amant (l'« officiel » l'avait courageusement plaquée, lui aussi).

Elle n'existait plus pour Paris.

— Si tu as des invitations au théâtre, emmène-moi, vous supplie-t-elle d'une voix tremblante.

— Bien sûr ! Mais, je t'en prie, va voir un psy : tu as une bonne déprime.

— Je n'ai même pas le courage de téléphoner à un médecin.

Au 1er janvier, vous l'appelez de la Micoulette pour lui souhaiter un avenir radieux. Elle est en train de pleurer, toute seule dans son lit.

— Il n'y a que toi à avoir pensé à moi. Je ne l'oublierai jamais.

Le 6 janvier, nouvelle rumeur parisienne. Paule-Élisabeth a été nommée par le gouvernement à un poste important à la télévision.

Vous vous précipitez sur votre portable pour la féliciter.

Une secrétaire affairée vous apprend que sa patronne est débordée de toutes parts. Vous laissez le message qu'elle vous re-téléphone quand elle aura une minute.

Paule-Élisabeth n'a pas trouvé la minute. Elle ne vous a jamais rappelée.

Vous ne lui en voulez pas.

C'est la règle du jeu dans un certain petit monde parisien.

Vous attendez tranquillement qu'un nouveau gouvernement vous la ramène en larmes.

Les copines-copines

Avec qui vous aimez déjeuner en courant et bavarder à plus soif. Elles vous téléphonent — elles aussi — quand elles ont le blues. Vous devez avoir des oreilles spéciales : vous attirez les confidences. Vous les écoutez passionnément. Vous ne « répétez » jamais. Parfaitement ! (Il faut bien que vous ayez une qualité, quand même.)

Parmi elles : Anita.

A épousé un haut fonctionnaire, élevé trois enfants, dirigé une affaire immobilière qu'elle a quittée pour une grosse boîte d'assurances internationale. Monte dans le Concorde pour New York, comme vous dans votre vieux break 405. Trouve le temps, et le courage, de suivre des cours de gym, de visiter les expositions dont on parle, de recevoir à dîner deux fois par semaine, de sortir trois soirs de suite. Sans jamais perdre son sourire infatigable, ni laisser tomber ses copines.

BIP-BIP... BIP-BIP...

11 heures 30 du soir.

Merde ! Une de vos filles aux urgences ?...

Non. Une pauvre petite créature en larmes.

Anita.

Son haut fonctionnaire de mari s'est tiré avec une créatrice de bijoux en matériaux de récupération.

— Quand je pense que je me suis ennuyée à mourir pendant trente ans avec ce con !... Que j'ai fait sa carrière... que j'ai supporté sans rien dire son éjaculation précoce !... Je t'avais dit que c'était un éjaculateur précoce ?

— Heu... non.

— Ah ! côté sexe, je n'ai pas été gâtée. Et maintenant Monsieur veut divorcer d'urgence.

— Mais c'est épatant, ma chérie ! Tu vas être libre. Il y a une vie après le divorce, figure-toi.

— Même à mon âge ? demande Anita un peu rassérénée.

— Bien sûr ! Tu es belle et élégante.

Vous avez évité soigneusement de prononcer le mot fatal « encore ».

— Mais comment je fais ?

— Tu dragues. Tout ce qui passe.

Anita vous tient religieusement au courant de sa vie sexuelle. Vous êtes la seule à savoir qu'elle a couché avec son assistant (12 sur 20), le plombier (18 sur 20), un secrétaire d'État énarque (7 sur 20), etc.

Elle vous confie avoir été si émue quand le président de la République l'avait décorée de l'ordre du Mérite qu'elle avait fait pipi dans sa culotte. Que son ex (le haut fonctionnaire, éjaculateur précoce) commençait à se disputer avec sa créatrice de bijoux en matériaux de récupération (Olé !), qu'il s'était foulé la cheville droite en dansant la salsa (Bravo !), qu'un autobus était rentré — Bing ! — dans sa voiture : jambe gauche cassée, un mois d'hôpital (Parfait !) et qu'il s'était mis à picoler (Ah ! Ah !).

Bref, que des bonnes nouvelles.

Anita rencontra un charmant décorateur de vingt ans plus jeune qui tomba amoureux fou d'elle, s'installa dans son appartement qu'il arrangea d'une façon sensationnelle, et la rendit très heureuse.

Vous demandez à votre copine la permission de raconter son conte de fées à vos autres amies qui se trouveraient, elles aussi, dans le cas d'être plaquée par leur compagnon. Elle accepte, à une condition : que vous fassiez passer le mot dans tout Paris que « Poilard », (son ex), « est un éjaculateur précoce ». Anita est rancunière. Vous le comprenez fort bien, parce que vous aussi. Pire qu'une vieille éléphante. (Mais oui ! Vous ne le répéterez jamais assez : vous avez plein de défauts !)

Les amies intimes

Vous savez tout d'elles. Et elles de vous. Enfin, presque.

Votre préférée : Irène. Une marrante qui aime la vie, son mari, ses enfants (deux), son job (la publicité). Une silhouette de rêve.

C'est celle à qui vous téléphonez quand vous vous êtes gravement disputée avec l'Homme, et que vous n'avez plus de Temesta.

Et puis, un jour, à l'épicerie russe de la rue Daru — que vous appelez votre cantine — où vous aimez inviter vos copines à déjeuner (deux exquises tranches de saumon fumé + 3 blinis + 1 verre de vodka + 1 gâteau au fromage blanc — partagé en deux pour cause de régime), Irène a le regard sombre et l'air préoccupé.

— Qu'est-ce que tu as ?

Elle hésite à vous répondre. Vous en profitez pour avaler cul sec votre verre de vodka, comme le veut la tradition, et à en commander un deuxième. Irène vous pose alors une question inattendue :

— Est-ce que ton mari a du diabète ?

— Du diabète ???... Non, je ne crois pas.

— Le mien, si. Il prétend que cela l'empêche de baiser. Voilà deux mois que ... ceinture !

— Ah merde ! Il a été voir un médecin ?

— Qu'il dit. Mais c'est un copain.

— Et alors ?... Tu crains autre chose ?

— Mon bonhomme est au mauvais âge. Celui où, dit-on, on remplace sa vieille femme de cinquante par deux jeunes de vingt-cinq.

— C'est fini, tout ça ! Une femme de cinquante n'est plus âgée, à notre époque... surtout toi... Pourquoi ? Tu as remarqué des choses bizarres ?

— Non... c'est plutôt une impression. Alors j'ai déclenché le plan Orsec : surveillance du téléphone, des poches, des agendas, etc.

— L'assistante ?

— Elle est là depuis dix ans. Une copine. Dingue amoureuse de son coiffeur.

— Bah ! tu t'angoisses pour rien. Ton mec a peut-être simplement un contrôle fiscal.

Arriva l'été.

Irène possédait une grande maison de famille où elle aimait réunir en août toute sa famille, y compris sa fille cadette et les sept enfants d'icelle (une qui repeuplait la France).

Grande fut donc votre surprise de la trouver (Irène, **pas** sa lapine de fille), par une après-midi étouffante de fin août (vous rentrez de la Micoulette), assise en larmes sur votre paillasson, berçant un petit sac de voyage.

— Qu'est-ce que tu fous là ?

— Je me suis sauvée de chez moi. Mon bonhomme me trompe. Je l'ai surpris en train d'embrasser comme un malade la baby-sitter de mes petits-enfants.

Elle se remet à sangloter.

Vous vous asseyez à côté d'elle sur le paillasson, et vous la prenez dans vos bras.

— Ne t'inquiète pas. C'est une toquade comme parfois les hommes en ont quand ils commencent à avoir peur de ne plus séduire. Ce n'est rien. Un orage.

— Pas du tout. Il veut divorcer et refaire sa vie avec elle...

(Allons bon ! Vous voilà avec un autre divorce sur les bras.)

— ...comme Pavarotti et Robin Williams.

— Le salaud. C'est vraiment des enfoirés, ces mecs. Quand on dépasse 50 ans, ils vous jettent et en prennent une autre plus jeune que ses propres filles. Elle est jolie, cette baby-sitter ?

— Une petite Danoise ravissante et qui avait l'air honnête. Elle était chez ma fille depuis quatre mois. Je la surveillais comme le lait sur le feu pour qu'elle ne pique pas le compagnon de ma cadette, et c'est mon mari qu'elle enlève !...

— Ta fille est imprudente, aussi. On ne choisit pas des baby-sitters trop jolies, mais les plus laides possible.

Irène a un accès de rage.

— Si mon salopard de mari veut divorcer, d'accord ! Je divorce ! Mais je le ruine... Fais-moi confiance.

— Tu as raison. Il ruine bien ta vie.

La séparation fut mouvementée.

Irène vous demanda d'écrire une lettre pour le juge (par bonheur, c'était une dame-juge qui comprenait très bien les drames féminins). Sous votre plume malveillante, le mari d'Irène devint un satyre libidineux qui trompait son épouse légitime sous son toit, et sous les yeux de ses petits-enfants. Un vilain monsieur qui avait épousé votre pauvre amie au temps de leur jeunesse pauvre et difficile. Maintenant qu'il avait une très belle situation, et elle des rides autour des yeux, plouf !... il la laissait tomber, comme un déchet industriel dans une décharge. Pour épouser une petite Danoise effrontée, à peine pubère. Oui, Madame le Juge, ce vieillard libertin a une âme de pédophile.

Vous osez croire que votre lettre fit de l'effet, car Irène obtint l'appartement et une belle pension.

Depuis, toutes vos amies qui divorcent vous sup-
plient de leur rédiger de belles lettres pour les juges.
Vous acceptez. Il faut se défendre entre filles.

Comme toutes les femmes mariées depuis longtemps, Irène eut du mal à supporter sa solitude. Ses
enfants la chouchoutèrent de leur mieux, mais ils
avaient leur vie de leur côté. Elle décida (elle aussi) de
se chercher un nouveau compagnon.

Vous demanda conseil.

Où trouver l'oiseau rare ?

Vous réunissez vos meilleures copines, toujours au
Daru, et vous expliquez le problème.

Lucie (à Irène) : Dans ta boîte de pub, il n'y a pas un
type qui te tourne autour ?

Irène : Si. Mais sa troisième concubine est une
copine.

Lucie : Tu as raison. Ne jamais foutre la brouille
dans le couple d'une amie. Ce qu'il faut, c'est fréquenter les endroits où traînent des hommes seuls intéres-
sants.

Irène : Quels endroits ?

Lucie : Partout, ma chérie. Même au café sympa du
coin, où tu vas prendre désormais ton petit déj' au lieu
de rester seulette dans ta cuisine ou dans ton lit. Au
bout d'un mois, tu connais tout le monde, y compris le
directeur de la BNP du quartier qui peut être marrant.
Mais oui, il y a des banquiers marrants ! J'en ai connu
un !

Béatrice : Il existe aussi des endroits qui coûtent cher
mais qui sont très rentables. Par exemple, en avion. Tu
ne voyages plus en classe économique, mais en classe
affaires. Quand tu achètes ton billet, tu réserves un
fauteuil au milieu d'une rangée. Tu auras un bonhomme à droite et un autre à gauche. Si, en plus, tu es
équipée techno avec un téléphone portable en panne
de batterie et un ordinateur qui flanche, tu appelles tes
voisins à l'aide. Et tu t'arranges pour qu'ils plongent
leur grand nez dans ton décolleté en se penchant sur
tes machines. Et n'oublie pas de t'inonder de parfum
comme une sultane !

Ida : Moi, je suis pour les économies. Un Big Mac au Mac Do, le dimanche, quand les pères divorcés et souvent désemparés emmènent leurs enfants déjeuner. Dans mon sac, des tonnes de kleenex pour nettoyer les mentons barbouillés de ketchup des petits cochonous et leurs doigts pleins de graisse de frite. Je bavarde avec les enfants, et je prends le café avec le père. Après, on va tous à la foire du Trône.

Irène : Oui, mais c'est un jeune ce gars-là, avec ses mômes...

Ida : Et alors ? C'est la mode maintenant des femmes mûres avec les copains de leurs fils. Et puis, ce jeune papa, il a peut-être un père...

Béatrice : Pour les vacances, tu demandes un crédit à ta banque et tu vas sur une plage chic, dans un quatre étoiles. Il y aura bien un milliardaire canadien qui s'emmerde avec sa femme et qui sera ravi de danser avec toi. Après, tu te démerdes.

Ida : Je préfère le coup de la pharmacie. J'emporte une boîte entière de médicaments. C'est bien de la malchance si l'intello solitaire qui relit Proust dans son coin n'attrape pas un petit bobo : piqûre de moustique ou de méduse... tour de reins... la turista... des ampoules au pied à cause de ses affreuses tongs neuves, etc. Alors, je me précipite, et je joue à Sainte Infirmière. Ça marche à tous les coups. Surtout si tu t'es tapé *A la recherche du temps perdu* dans le train en venant.

Guillemette : On a quelquefois des surprises en vacances. Il m'est arrivé une drôle d'histoire en Sardaigne. Sur la plage, je fais connaissance avec un Italien beau comme un dieu, qui me confie qu'il est un ancien des Brigades rouges, et qu'il est planqué dans une petite cabane dans le maquis. On bavarde des heures entières. Il parlait assez bien le français. On refait le monde. Ça finit par de folles nuits d'amour sur la plage. On se quitte désespérés. Je jure de revenir aux prochaines vacances et de lui écrire, sous un faux nom, à la poste restante d'Olbia.

Deux jours plus tard, à l'aéroport de Rome où je

changeais d'avion pour Paris, je l'aperçois dans un groupe sous une pancarte « *Comité d'entreprise de la Poste italienne* ». C'était un facteur napolitain... Mais je n'ai jamais rien regretté. J'avais vraiment pris mon pied. Ça m'a mise de bonne humeur pour six mois.

Lucie : En fait, je suis pour rester à Paris au mois d'août. Les hommes mariés qui traînaillent sans leur femme parties avec leurs mômes en vacances, c'est du gâteau.

Ida : Vrai. On peut aborder le voisin du 5e dans l'escalier pour lui demander l'adresse de la seule boulangerie ouverte dans le quartier. En échange, tu lui indiques la petite boutique de repassage qui vient de s'ouvrir dans la rue d'à côté. Ou le boucher qui n'est pas encore parti à Saint-Tropez.

Anaïs : Naturellement, tu ne te sers plus de ta machine à laver : tu descends au Lavomatic. Beaucoup d'hommes abandonnés par leur ménagère personnelle ignorent comment marche leur lave-linge. Tu as apporté un livre marrant, et tu ris tout fort, pendant que ta plus jolie lingerie tourne dans la machine. Bien sûr, tu as laissé tes vieilles culottes déformées du Prisu à tremper dans ta cuisine... Je parie mon collier de fausses perles que le notaire du rez-de-chaussée — qui est encore un très bel homme ! — te demande le nom de l'auteur qui t'amuse tellement. Tu lui prêtes ton bouquin. Il t'invite à dîner... C'est parti, mon kiki !...

Irène remercia pour ces bons conseils.

Et ne les suivit pas.

Elle acheta une adorable petite chienne Yorkshire et la promena tous les soirs, pendant une demi-heure, dans le quartier. Elle fit ainsi connaissance avec le propriétaire très distingué d'un jeune Yorkshire mâle.

Ils marièrent leurs chiens.

Ils se marièrent ensuite.

Et eurent beaucoup de petits Yorkshires.

L'homme (mari, amant, concubin, etc.) est naturellement le premier sujet de conversation quand vous vous trouvez avec vos amies intimes. Vous connaissez ainsi un certain nombre de défauts — petits et grands — de ces messieurs.

Le mufle : Elle : « Tu m'aimes ? »

Lui : « Ben oui. Je suis ton mari. »

Le fou de son boulot : « Ça ne m'arrange pas que tu rentres à l'hôpital la semaine prochaine (pour te faire opérer de ton ulcère à l'estomac). J'ai plein de soucis, au bureau. »

Le douillet (tous) : Quand son petit-fils vient de s'écorcher le genou en tombant de vélo, s'exclame : « Ça va passer avec un peu de Dermachrome ! » Si c'est lui à qui ça arrive, réclame qu'on l'emmène aux Urgences.

Le gastronome : Hésite longuement devant les menus de tous les restaurants d'Istanbul, comme s'il savait le turc...

Le paresseux (en vacances) : Compte sur vous pour envoyer des cartes postales à sa mère, ses enfants, sa sœur, sa secrétaire, etc. Met trois jours pour les signer. Vous les envoyez le jour de votre départ ; elles arrivent après votre retour. « C'est honteux ce que les postes étrangères marchent mal ! »

Le pélican : Ne supporte pas quand il rentre chez lui de trouver le frigo vide. Engueule sa femme. Qui court à l'épicerie arabe du coin de la rue. Mais le pélican est économe. Calcule que Mohammed est 20 pour cent plus cher que Leclerc. Va donc à l'hypermarché trois fois par semaine faire les courses lui-même, après son bureau. Se plaint ensuite qu'il fait tout à la maison. Mais préfère cela plutôt que de prêter sa voiture à sa femme.

L'emmerdeur : Est toujours en train de vous dire ce qui est bon pour vous.

L'emmerdeur (bis) : A des idées bien arrêtées sur tout et n'écoute pas vos arguments si vous essayez de discuter.

Le politique : Sait ce qu'il ferait, lui, s'il était à la place du Premier ministre. Vous l'explique longuement tous les soirs.

L'ancien amoureux : Se précipite sur vous pour vous embrasser dans les cocktails : « Alors, ma belle, toujours mariée avec le même con ? » Comme votre mémoire commence à flancher, impossible de vous rappeler jusqu'où vous avez été avec lui, au temps de votre folle jeunesse...

L'amant aux fantasmes érotiques : Exige que votre copine Julie se promène nue sous sa robe. Qu'elle se déguise en infirmière pour faire l'amour — ça l'excite (?) — Qu'elle se laisse ligoter sur un lit où il la « viole » en rêvant qu'il l'a achetée à prix d'or au marché aux esclaves de Candy. Qu'elle le caresse pendant qu'il conduit sa voiture à 160 à l'heure en poussant des cris rauques...

Julie a eu tellement peur qu'elle a plaqué ce dingue. Et l'a remplacé par un écolo qui la promène sans culotte dans une brouette.

L'intello : Ne baise que le *Kâma-Sûtra* à la main. Résultat : Claudia a déjà attrapé une cheville foulée (position : *le crabe*), un lumbago (position : *l'acrobatique*), et un petit doigt tordu (position : *dans l'eau*), sans compter les courbatures résistant à l'aspirine (position — pliée en trois — *la cruche*).

Etc. Etc.

Un sujet de vos bavardages les plus animés avec vos chères copines : le cas du cheikh arabe qui a offert, disent les mauvaises langues, un million de dollars à Brigitte Nielsen, l'ex-femme de Sylvester Stallone, pour passer une nuit avec elle.

Thème de la discussion : Accepterais-tu de coucher pendant une nuit entière avec un sultan arabe inconnu pour six millions de francs ?

Vous devez avouer, avec honte, que la majorité de vos amies répondent « Oui ! Oui ! » avec enthousiasme :

« Ça passe vite, une nuit... », « Tu fermes les yeux et tu penses à Brad Pitt pendant que l'autre fait sa petite affaire... », « Après, t'es tranquille financièrement toute ta vie. Ça vaut le coup ! »

Seules Lucie et vous, vous dites non.

Lucie parce qu'elle a peur d'être torturée :

— Pour ce prix-là, le mec, il doit imaginer des choses affreuses. Par exemple, te faire violer par un âne, comme il y a des années, les Tontons Macoutes de Duvalier à Haïti.

Ida : Tu dérapes ! Le cheikh, il est pas fou. Il va pas dépenser tout ce pognon pour que son âne prenne son pied !

Lucie : Alors, il a le sida !

Guillemette : Qui ça ?... L'âne ?

Lucie : Non. Le cheikh. Tu penses bien que s'il claque tout ce fric, ce n'est pas pour mettre un préservatif. Et moi, même pour six millions, je ne veux pas crever.

Silence. Impressionnées, les copines réfléchissent. Puis se tournent vers vous.

— Et toi ? Qu'est-ce que tu dirais ?

Vous : Le mot de Cambronne. On a son honneur ou pas. Sans compter que mon bonhomme me quitterait après un truc pareil ! Et je ne veux pas le perdre, même pour un milliard !

Guillemette : Mais il n'en saurait rien !

Vous : Tu parles ! Ce serait le lendemain dans *Voici*. Ce qu'il cherche, le sultan de tes fesses, c'est t'humilier : « Pour six millions je fais de toi ce que je veux »... Et moi, cela me ferait drôlement plaisir de lui cracher à la gueule : « Va te faire foutre, avec ton fric que tu n'as même pas gagné en travaillant. Juste fait un trou, et le pétrole est sorti... »

Anaïs : Oh ! t'es pas marrante avec tes prêchi-prêcha...

Vous : Tu as raison ! J'offre une tournée générale de vodka pour me faire pardonner...

Ida : Et moi, je raconte une histoire cochonne.

(*Censuré par l'éditeur.*)

....

Avec vos copines chéries, vous ne parlez pas que de vos hommes. Vous discutez aussi de vos enfants et de vos petits-enfants. Ô délices, il vous arrive d'en dire du mal.

Lucie : Je ne comprends pas ma dernière fille. Elle a une passion dévorante pour un type marié qui a deux mômes. Sa femme ne sait rien. Lui, il ne veut pas divorcer avant que ses chérubins soient élevés. Ils ont deux et trois ans ! Ça veut dire « jamais » ! Quand je la vois sangloter à Noël et le dimanche parce qu'elle se retrouve toute seule (lui, il reste en famille — ce qui est très bien — pour ses gosses), je dis à ma fille que cela ne la mène nulle part. Eh bien, elle ne m'entend même pas. Ça m'exaspère ! Ça m'exaspère !

Julie : J'ai une bru qui me déteste. Elle me jalouse parce que mon fils a une passion pour moi. Il a insisté, l'année dernière, pour qu'elle me laisse son bébé quelques jours pendant lesquels il a emmené son Isabelle en troisième voyage de noces. Quand elle a repris son rejeton, elle a grommelé en me regardant : « Il ne finit plus ses biberons. ON lui a donné de mauvaises habitudes... » J'ai failli la mordre !

Claudia : Ma belle-fille à moi est charmante. Hélas ! mon fils qui est chirurgien la trompe avec toutes les infirmières. Il ne porte même pas son alliance sous prétexte qu'elle le gêne pour opérer. J'ai beau l'engueuler en douce — j'ai tellement peur d'un divorce à cause des petits —, il rigole. C'est fou ! Nos gamins ne nous écoutent pas.

Vous : Remarque, on n'écoutait pas non plus nos parents.

Claudia : Oui, mais ils étaient cons !

Vous : Peut-être que nos enfants nous trouvent connes...

Claudia (consternée) : Tu crois ?

Guillemette : Moi, la mienne de fille, elle est bizarre. Elle veut un bébé, mais pas d'homme fixe. Ce qui l'intéresse : son job et son indépendance.

Vous : Elle est folle ! S'il y a quelque chose qui vous empêche d'être libre pour sa vie entière, c'est bien un mioche !

Guillemette : Sauf qu'elle compte fermement que je

m'en occupe. Pas d'accord... j'adore les pitchounes, mais pas trop : ils vous dévorent.

Ida : Déjà les avoir rien que pour les vacances, ça me crève. L'année dernière, je me suis laissé piéger. J'ai emmené les deux bébés de ma fille en Bretagne. Mais avec une baby-sitter allemande (très vilaine, bien sûr). Ça n'a pas empêché cette petite garce de s'enfuir avec le moniteur de natation de la plage. Les deux gnards ont attrapé la rougeole. Mon mari aussi, qui ne l'avait pas eue petit. J'ai dû soigner tout le monde, et faire ensuite une cure de thalasso pour me remettre. Au bureau, ils étaient fous de rage. Ma fille, elle, à son retour, elle s'est tordue de rire.

Lucie : Ce que nos enfants nous reprochent, c'est d'avoir encore un boulot qui nous passionne, de mener une vie sociale remplie, de voyager, au lieu de nous dévouer à être une « Mamie-confiture ».

Anaïs : Justement, à ce propos, quelqu'un m'énerve prodigieusement : l'autre grand-mère. Elle a pris sa retraite et ne pense qu'à nos petits-fils qui l'adorent. Ils n'arrêtent pas de me dire qu'elle est « extra », et qu'elle leur invente des histoires « géniales » le soir, quand ils sont au lit. Alors que moi, je tombe de sommeil et je me contente de leur relire *Le Chat botté*. Je culpabilise. Je m'étais déjà sentie en faute avec mes mômes à moi à cause de mon travail qui m'absorbait beaucoup et m'empêchait de m'occuper d'eux autant que je l'aurais voulu... Mais j'étais divorcée, il fallait bien que je gagne la croûte de tout le monde ! Et maintenant ça recommence : j'ai l'impression d'être une mamie indigne. J'ignore même ce que c'est que les Ninjas !

Vous : Tu sais, on culpabilise toujours pour quelque chose. Moi, c'est parce que je ne sais pas leur faire sauter des crêpes. Ils ne disent rien, mais je sens qu'ils ne me trouvent pas à la hauteur.

Béatrice : Ce qui me tracasse, en été, c'est de savoir s'il est préférable d'inviter ses petits-enfants avec leurs parents — et alors les marmots sont les rois, tu ne peux même plus parler avec tes propres enfants, ils ne s'intéressent qu'aux leurs. Façon Dolto. Ou alors, carrément, tu prends la petite classe sans leurs parents. Dans ce cas, ma dernière petite-fille s'assied toute la journée à côté du téléphone en pleurant qu'elle veut parler à sa mère.

Guillemette : La compagne de mon plus jeune fils est hippie et l'a converti. C'était un brillant étudiant en biologie et maintenant ils vivent dans les Cévennes, dans une ferme écroulée avec des morveux à moitié nus.

Vous : Tiens ! Je croyais que tous les hippies avaient abandonné leurs chèvres idiotes pour la Bourse et la high-tech.

Guillemette : Pas les miens, hélas ! Ce sont les derniers à faire eux-mêmes leur pain dur à te casser les dents, des yaourts si mauvais que tu remercies Danone d'exister, et des cartes de Noël personnalisées que je cache, tellement elles sont cucu-la-praline.

Ida : Je ne supporte pas mon gendre. Je ne comprends pas que ma fille puisse aimer un type aussi moche. Quand il débarque chez moi, il me tape sur les fesses en disant : « Alors, Belle-Maman, toujours aussi marrante ? »... Un jour, j'ai craqué. Je lui ai tapoté les fesses à mon tour : « Alors, mon pote, toujours aussi vulgaire ? » Ma fille est restée trois mois brouillée avec moi. J'en ai été malade.

Chœur des copines : C'est qu'on les adore, nos mômes !

Naturellement, vous avez avec vos amies bien-aimées d'autres sujets de conversation que VOS hommes, VOS enfants, VOS petits-enfants. Mais oui. Vous parlez des bouquins que vous lisez (vous rêvez, vous, de tenir une critique littéraire très courte : « *Je me suis arrêtée à la page 32. Ça suffit largement !* »), des films que vous allez voir (souvent ensemble à la séance de 13 heures 30), du théâtre (L'Homme de votre vie ayant la manie de partir à l'entr'acte, vous demandez à une copine moins nerveuse de vous accompagner), de la politique (vous avez plein d'idées qui changeraient la face de la France !...), etc.

Mais, aussi, vous échangez des nouvelles de votre santé.

Vous avez été élevée (dressée) par votre chère grand-mère à ne jamais en parler, ni surtout vous en plaindre. Telle la Famille royale anglaise : « *Never explain. Never complain* ».

Aussi, quand on vous demandait : « Comment vas-tu ? », vous avez toujours répondu avec enthousiasme : « Très bien, merci ! Et toi ? »

Avec d'autant plus d'allégresse que le ciel vous avait pourvue d'une santé de fer.

Les années ont passé. Votre cher vieux corps a commencé à donner des signes de faiblesse. Ce qui, à votre grande indignation, n'a ému personne de votre famille.

Ni l'Homme, ni Fille Aînée, ni Petite Chérie, ne s'intéressent vraiment à vos petits malheurs physiques. Personne ne vous demande jamais des nouvelles de vos rhumatismes (Vous n'en avez pas, d'accord, mais vous êtes à l'âge où vous pourriez en avoir). Ni de votre bidon fragile où pousse un truc au nom si compliqué que vous avez dû l'écrire sur votre agenda. Ni de votre arthrose qui vous fait souffrir quand vous lisez le journal, les bras en l'air, ou que vous vous brossez les cheveux (Quand vous vous êtes plainte à votre rhumato, il vous a répondu que vous n'aviez pas besoin de lire votre journal les bras en l'air. Vous n'aviez qu'à vous coucher dessus. En ce qui concernait vos cheveux, il ne s'y intéressa pas du tout).

Les amies/relations s'en foutent complètement de votre santé. Elles font semblant de vous écouter tout en songeant au menu du dîner du soir, ou en attendant le moment où vous reprendrez votre respiration pour vous raconter, précipitamment, leurs migraines, leurs règles douloureuses, leur ménopause, etc. Vous réfléchissez à votre tour au menu du dîner.

Restent vos chères copines.

Merveille des merveilles ! Non seulement elles boivent vos paroles, mais compatissent, et suggèrent

de vous acheter un lutrin pour parcourir vos quotidiens, et de vous raser les cheveux (comme le firent
Demi Moore et Caroline de Monaco) pour ne pas avoir
à les brosser.

En contre-partie, vous vous penchez affectueusement sur leurs grippes, leurs sciatiques, leur ostéopo-
rose, etc.

Jusqu'à ce que vous vous brouilliez avec Nora.

« La mesure est la meilleure des choses », se sont
écriés les poètes grecs. Il était sous-entendu, avec vos
copines, que les nouvelles de vos santés respectives ne
devaient pas encombrer tout le temps de vos conversations, et qu'elles devaient être racontées si possible
avec gaieté.

Or Nora (longue, maigre et pâle) avait un ton gei-
gnard de vieille mercière arthritique qui vous donnait,
au bout de vingt minutes, envie de la faire revenir dans
une cocotte avec un peu de saindoux... (recette du
bœuf à la mode).

De plus, elle se débrouillait pour attraper toutes les
maladies qui passaient à sa portée.

... Trois grippes par hiver (la Hong-Kongaise, la
Russe, l'Indonésienne) :

— Pourquoi ne te fais-tu pas vacciner en automne ?

— Je suis allergique aux vaccins.

... Une sciatique tous les deux mois, plus une crural-
gie par-ci par-là :

— Va chez mon médecin : elle est spécialiste de la
colonne vertébrale et, en deux infiltrations, que tu ne
sens même pas, d'une goutte de cortisone, elle te gué-
rit.

— Tu te fous de moi ? Je suis allergique à la cortisone.

... Elle était victime de malaises bizarres, de virus
exotiques, de maux de tête, de dents, d'estomac (à la
moindre langoustine). Par moments, ses yeux deve-
naient rouges comme ceux d'un lapin.

A votre exaspération, elle refusait d'aller voir son
propre docteur :

— Il va me donner des médicaments, et je suis allergique aux médicaments.

Elle était allergique à tout. Aux fientes de pigeon (pas question d'aller à Venise). Aux arbres et à l'herbe (pas question d'aller à la campagne). A l'iode (pas question d'aller au bord de la mer). Aux ordinateurs de ses trois enfants. Aux antidépresseurs. A la peinture (le voisin du dessous fit refaire son appartement : elle resta quinze jours au lit). Aux poils de chat (pas question de venir vous voir à cause de Melchior, même enfermé dans la cuisine). Etc.

Un matin vous lui téléphonez, triomphante.

— Mon Gendre n° 2 m'a recommandé une clinique allemande où l'on ne traite que les allergies. Tu devrais aller t'y faire soigner.

— Pas question ! On te colle plein de « patches » partout pour déterminer à quoi tu es allergique. Ma voyante m'a dit que je risquais de crever.

Vos nerfs ont craqué. Vous avez eu tort. Vous l'avez engueulée.

— Je me demande si tu n'es pas tout simplement neurasthénique. Soigne-toi vraiment. Arrête de consulter ta voyante. Change de médecin. Fais le tour des meilleurs professeurs. Vois des psy. Va en Amérique subir un check-up à la clinique Mayo. Jusqu'à ce qu'on trouve ce que tu as !

Elle vous raccrocha au nez.

Ne vous rappela jamais.

Elle était devenue allergique ... à vous.

Résumons : L'Homme avait ses chers potes qu'il voyait en célibataire. Vous agissiez de même avec vos copines adorées.

Mais les rapports sociaux exigent qu'un couple invite de temps en temps, chez lui, d'autres couples. Soit des camarades de l'Homme avec leurs compagnes, soit des amies à vous avec leurs mecs. Soit un mélange soigneusement composé.

C'est ainsi que votre chère Natacha tomba dans les bras de Charles, un bon copain de votre époux bien-

aimé qui quitta une certaine Véronique (Charles, pas
votre époux bien-aimé. Sinon vous seriez en prison
pour tentative d'assassinat) pour concubiner avec elle
(Natacha. Vous me suivez ?).

Plusieurs mois passèrent. Natacha ne vous faisait
pas de confidences. Signe que tout allait bien. En principe.

BIP-BIP... BIP-BIP...
22 heures.
Natacha.

— Est-ce que mon type est là ? demande-t-elle
abruptement sans vous dire bonsoir.

— Non, répondez-vous un peu inquiète. Pourquoi
serait-il là ?

— Quand tu le verras, crie-t-elle dans votre tympan,
dis-lui que j'ai pris ma décision. Je le quitte !

— Chérie, calme-toi !!!...

— Qu'il ne cherche pas à me revoir, à m'attendrir.
C'est fini, nous deux !

— Voyons, que se passe-t-il ?

— Ma vie est un enfer, hurle-t-elle. Je n'en peux plus !
Charles est invivable ! Adieu.

Vlan ! Elle raccroche.

Vous allez prévenir votre mari qui sommeille paisiblement en regardant la télé.

— Nous voilà beaux ! Natacha et Charles se séparent.
Natacha est hystérique au téléphone, et Charles va
débarquer ici d'une minute à l'autre. Qu'est-ce qu'on
fait ?

— On n'ouvre pas, déclare l'Homme courageusement. Ne jamais se mêler des disputes des copains.
Après, ils se réconcilient et l'on reste brouillés avec l'un
d'entre eux, sinon avec les deux.

— Tu as raison.

Malgré cette bonne résolution, lorsque Charles
sonne à la porte, vous courez tous les deux lui ouvrir.
L'Homme, par camaraderie : il ne peut pas abandonner
un copain qui se retrouve plaqué. Quant à vous, ces
disputes vous fascinent. On se croirait dans un film.

Charles — qui a dissimulé sur votre palier une petite valise — commence d'abord par crâner. S'intéresse d'un ton faussement chaleureux à votre santé. Sourit bêtement. Se frotte les mains.

Vous n'y tenez plus. Vous attaquez :

— Natacha a téléphoné. Elle n'avait pas l'air contente.

Le sourire de Charles disparaît, comme effacé par une gomme.

— A la vérité, balbutie-t-il, je suis venu vous demander l'hospitalité. J'ai fait ma valise et...

— Je ne suis pas ta mère, déclarez-vous froidement. Je te garde le temps d'une bonne discussion, c'est tout. Natacha est aussi ma copine, et je ne veux pas avoir l'air de prendre ton parti.

— En attendant, dit l'Homme avec gourmandise, viens t'asseoir dans le salon et raconte.

— Elle s'est jetée sur moi, au restau, m'a arraché ma moumoute et l'a flanquée dans ma soupe de poisson ! avoue Charles piteusement.

— Diable ! C'est vache !..., remarque l'Homme gravement, mais ses yeux pétillent d'envie de rire.

— Pourquoi a-t-elle fait cela ? demandez-vous.

— Mais ... pour rien !..., ment Charles.

— Arrête de raconter des conneries et dis-nous la vérité.

— Bon... Natacha me fait la gueule en ce moment. Et moi, s'il y a quelque chose que je ne peux pas supporter, c'est que Natacha me fasse la gueule. Je tiens une heure... deux heures... Ce qui m'exaspère surtout, c'est que je ne sais pas pourquoi elle tire cette tronche. Alors j'éclate : « Qu'est-ce que tu as à la fin ? Tu es de mauvaise humeur ? Tu attends tes règles ? » Je sais que cela énerve les bonnes femmes qu'on leur dise ça, mais je n'en peux plus. Elle répond d'un air hypocrite : « Moi ? Pas du tout ! Qu'est-ce qui te prend ? » Moi : « Il me prend que tu fais la gueule, et tu sais que j'ai horreur de ça ! Merde, à la fin ! » Elle : « Ah ! ne me parle pas sur ce ton-là... » Moi : « Je te parle sur le ton

qui me plaît ! »... Et voilà ! On est partis pour une belle
scène de ménage...

L'Homme jubile.

— On se croirait à la maison.

— Toi, tais-toi ! vous exclamez-vous, furieuse, ou je
vous flanque tous les deux à la porte avec vos petites
valises.

— J'en ai assez ! gémit le copain de votre mari. Voilà
un mois que ça dure. Elle me laisse des mots insultants
épinglés sur mon oreiller ou sur mon slip : « Mon petit
Charles, il faut que tu comprennes enfin que tu es
lâche, menteur, vaniteux. D'ailleurs, tu n'as pas d'amis.
Personne n'a jamais pu te supporter... »

— C'est faux ! s'écrie l'Homme, tu as un vrai copain :
moi !

Et il tambourine sur sa poitrine comme Tarzan.

Charles ne l'écoute pas. Il a besoin de vider son sac.

— Elle me téléphone pour m'engueuler au bureau,
même si je suis en réunion. La semaine dernière, elle
m'a laissé en plan avec huit personnes à dîner ; j'ai été
obligé de faire la cuisine avec un pote... et même de
servir à table ! (A cette évocation, sa voix se teinte
d'amertume.) Elle était partie avec sa valise.

— Si je comprends bien, commente votre mari, vous
faites votre valise à tour de rôle. Et où allez-vous
comme cela ?

— Quelquefois chez des amis. Mais surtout à l'hôtel.
Nous en avons trois. Celui qui est près de la maison,
celui où on nous fait des prix, et celui où nous avons
passé les deux premiers mois de notre liaison. Comme
ça, on peut se retrouver et se réconcilier sur le coup de
deux heures du matin.

— C'est bien organisé, chez vous, admire l'Homme.

— Mais pourquoi Natacha est-elle dans cet état ?
insistez-vous, têtue. Charles, tu es bien sûr que tu n'as
rien sur la conscience ?

— Juré/craché ! assure-t-il. Mais ta copine est d'une
jalousie maladive... Et il y a cette stupide histoire d'assistante que j'ai engagée.

— Celle qui a des doudounes fantastiques et pas sili-conées ? interroge l'Homme, l'œil soudain brillant.

La même lueur s'allume dans le regard de Charles.

— ... et t'as remarqué son cul ? Une merveille de la nature !

Vous intervenez :

— Vous êtes deux petits salauds. Maintenant je comprends parfaitement Natacha.

— Ah ça, mon vieux, personne ne battra ma femme sur le chemin de la jalousie ! ricane l'Homme. Une nana à dix lieues à la ronde, et elle rôde comme une tigresse affamée.

— Charles ! ordonnez-vous fermement en lui ten-dant votre portable, appelle immédiatement Natacha pour lui dire qu'elle est la seule femme de ta vie.

— Non.

— Comment, non ?... Elle n'est pas la seule femme de ta vie ?

— Si.

— Et quand elle te quittera, quelle tête feras-tu ?

— Elle ne peut pas faire ça !

— Elle y est décidée.

Charles blêmit. Prend votre cellulaire. Forme son numéro.

BIP-BIP... BIP-BIP... BIP-BIP... BIP-BIP... BIP-BIP... BIP-BIP... BIP

— Ça ne répond pas, constate-t-il d'une voix blanche. L'autre jour, Natacha a voulu se planter le couteau à pain dans le cœur... Mon Dieu ! Elle a peut-être essayé de recommencer !

— Allons chez toi ! criez-vous d'un ton de capitaine parachutiste.

L'appartement de Charles est lugubrement désert.

— Elle s'est peut-être jetée du haut de l'Arche de la Défense, sanglote-t-il. Je ne me le pardonnerai jamais. Ma petite Natacha adorée !

— Allons, calme-toi, le bercez-vous d'un ton mater-nel. Elle va revenir. Tu n'as qu'à l'attendre tranquille-ment.

— Ne me laissez pas seul ! crie Charles, je vais avoir une crise cardiaque.

— Mais non ! le rassure l'Homme, ému. Allez ! Viens dormir à la maison. Avant, téléphone à tes trois hôtels pour t'assurer qu'elle n'y est pas.

Natacha n'y avait point paru.

Vous ramenez le copain de votre mari chez vous. Après avoir laissé un message à Natacha sur le répondeur. Vous installez le désespéré sur le divan, avec une couverture. Vous lui apportez une tisane au thym. Vous laissez discrètement votre époux avoir avec lui une conversation entre hommes. Vous allez vous coucher, épuisée.

BIP-BIP... BIP-BIP... BIP-BIP...

3 heures du matin.

Natacha. Vous entendez à peine sa voix.

— Où es-tu ? grommelez-vous, mal réveillée.

— A la gendarmerie de Brice-les-Boutons. Il faut que Charles vienne me délivrer avec mes papiers d'identité.

— Qu'est-ce que tu as fait ?

— J'avais tellement le cafard que j'ai voulu aller chez des amis à Meaux. J'ai pris le train. Ils n'étaient pas là. J'ai marché dans la nuit avec ma valise. Je me suis perdue. Je suis tombée dans un fossé plein d'eau. J'ai crié. Des fermiers ont appelé les gendarmes qui m'ont sortie du fossé. Je suis trempée, pleine de boue, sans papiers, et je grelotte. Je demanderai pardon à Charles, mais qu'il vienne me chercher !

— Elle est sauvée ! annoncez-vous à ce dernier, apparu sur le seuil de votre chambre, blanc comme un Pierrot.

Et vous transmettez le message. Charles part comme un fou.

Le lendemain, il revient chercher sa petite valise oubliée dans l'affolement. Il est radieux.

— Tout va bien. Natacha est une fille formidable. Je l'adore. Merci à vous deux. Vous avez sauvé mon couple. Je ne pourrais pas vivre sans elle.

— Si j'étais toi, dites-vous doucement, je changerais d'assistante.

— Je le lui ai déjà promis, assure-t-il en souriant aux anges.

Dès que la porte s'est refermée sur lui, l'Homme éclate.

— Quel dégonflé ! Qu'il ne s'étonne pas, après, si sa bonne femme lui fait bouffer de l'herbe.

Vous sautez en l'air.

— Ta mauvaise foi masculine est sans limites. Tout est absolument de la faute de Charles, mais comme c'est ton copain...

— Dis plutôt que tu as défendu à tout prix ton amie Natacha qui est une hystérique...

— Natacha n'est pas une hystérique. C'est ton Charles qui est un salaud, à tripoter les seins de son assistante... Et toi, d'abord ?... Comment sais-tu qu'ils ne sont pas siliconés ?

— Ah, ça y est ! Madame va nous faire sa crise de jalousie idiote.

C'est parti pour une belle engueulade.

Insultes, cris, larmes, bouderies. Réconciliation difficile.

Rien n'est plus dangereux pour la paix conjugale que les couples d'amis qui se disputent. Virus contagieux.

Chapitre X

Des petites choses qui vous agacent chez l'Homme

> *Qui veut un cheval sans défaut doit aller à pied.*
>
> (Proverbe du XIIIᵉ siècle.)

Au réveil, l'Homme pousse des bâillements à réveiller un troupeau de rhinocéros au Zimbabwe, en ouvrant la gueule si largement que vous pouvez voir jusqu'à son estomac. Vous inspectez.

Vous lui apportez son petit déjeuner au lit. Mais oui. Vous aimez ce geste de tendresse. Il ne vous dit ni « Bonjour ! », ni « Merci », arrête France-Cul mais branche à fond, d'un air hébété, un solo de trompette de Vivaldi. Les travailleurs du quartier qui ne sont pas encore partis à leur boulot sautent hors de leur lit. Vous retournez vous réfugier dans votre bureau.

Le dimanche, vous le suppliez de baisser le son. Il répond qu'avec l'âge il devient sourd. Pourtant il vous entend très bien chuchoter à votre chat : « Quel sale emmerdeur ! »

L'Homme part au bureau sans rien ranger. La salle de bains est un marécage où surnagent les serviettes de bain et les peignoirs de toute la famille.

Par terre, dans la chambre, chemise sale, cravate, caleçon, une chaussette — la deuxième a disparu comme toutes les deuxièmes chaussettes —, pantalon, veste, en tas. A vous de les ramasser. Un jour, exaspérée, vous demandez à votre époux de le faire lui-même.

— Non, répond-il froidement.

Vous restez baba.

— Comment ça : « Non » ! Tu veux dire que tu comptes sur moi pour ranger tes affaires ?

— Il y a une femme de ménage.

— Elle a déjà un travail fou, et tu te plains qu'elle coûte très cher.

— Tant pis. Je déteste ramasser mes vêtements. Je te propose de la prendre une heure de plus par jour, exclusivement pour s'occuper de mes frusques. Je la paierai de ma poche... moi-même !

La femme de ménage fut enchantée de cette proposition. Elle fit bien attention de ne pas toucher à vos propres nippes entassées sur le fauteuil.

Au moment de partir, l'Amour-de-votre-vie se rappelle votre existence. Il ouvre violemment la porte de votre bureau — Vlan ! — et marmonne :

— Je suis en retard. A ce soir, Titine.

Puis il la referme aussi bruyamment – Vlan ! Vous avez beau vous y attendre, cela vous fait sursauter deux fois.

A noter qu'il ne vous demande jamais si votre travail marche bien. Seul votre Melchior bien-aimé s'y intéresse. Petit inconvénient : il se couche en ronronnant sur votre rame de papier (Melchior, pas l'Homme), et vous êtes obligée d'écrire — au feutre — tout autour de lui. La secrétaire — votre chère Georgette — a fini par s'habituer à décrypter votre texte griffonné autour d'une silhouette de chat.

Votre mari garde un silence radio toute la journée. S'il a quelque chose à vous communiquer, fait passer le message par son assistante. N'a pas le temps d'échanger des futilités avec son humble épouse.

Votre Seigneur et Maître revient le soir quand ses importantes activités le libèrent enfin. Vous l'attendez à partir de 7 heures, maquillée, parfumée, habillée en geisha avec un kimono de soie noire brodée. Souriante. Téléphone débranché. Vous allez être toute à lui.

Trois possibilités :

— Première possibilité : L'Homme est mourant : il a attrapé un rhume (Il vous arrive d'avoir une forte angine. Ce n'est rien ! Lui, c'est sa vie qui est en jeu). Il décide d'aller se coucher. Vous vous levez alors pour lui préparer un biberon-tilleul et lui donner son doudou-journal. Il refuse furieusement votre aspirine : « Les médicaments sont des cochonneries. » Il préfère « crever comme un chien tout seul dans son coin » ...

— Deuxième possibilité : L'Homme est fatigué. Normal. Il a travaillé comme un fou toute la journée. Vous aussi. Mais, vous, ça ne compte pas. Vous êtes une petite bonne femme qui vous livrez à d'insignifiants travaux d'écriture et aux modestes soins de la maison.
L'Homme se jette sur le canapé, attrape un journal, et vous dit :
— Qu'est-ce que tu racontes ?
Vous entamez le récit de votre journée, si possible d'une façon amusante pour distraire — modeste Schéhérazade — votre sultan. Hélas ! votre cher époux n'écoute pas vos propos, passionné par sa gazette.
Énervée, vous grommelez :
— Oh !... Tu m'écoutes ?
— Hon, hon ! marmonne l'Homme tout en ne quittant pas son article des yeux.
— Alors, répète ce que je viens de dire.
— Heu...
Le monstre, pris sur le fait, rigole.
Et, avec les années qui ont passé, vous aussi.

— Troisième possibilité : L'Homme est de bonne humeur (Il a signé un excellent contrat avec un nouvel auteur qu'il a piqué à un autre éditeur... la vente de ses livres marche bien..., etc.). Alors, il potine sur les amours de ses employés. Le coursier est amoureux de Laurence, l'hôtesse d'accueil. Sylvie, l'attachée de presse Province, est tombée raide dingue de son dernier écrivain, Prix Tour Eiffel, et ils sont restés un

jour de plus à Toulouse, à faire quoi ? Le mari de la
comptable a demandé le divorce et les fiches de paye
sont toutes fausses. Etc.

Le repas du soir est un moment difficile de votre vie
conjugale.

Depuis que vos filles ont quitté le foyer familial (à
votre grande tristesse), vous dînez, votre mari et vous,
sur la table de la cuisine. La femme de ménage, avant
de partir, a mis le couvert et préparé un repas léger.

Qu'à votre grand agacement, l'Homme engloutit
dans le désordre.

Il commence par picorer quelques fraises au sucre
(sa passion), avale un kilo de nouilles fraîches (son
autre passion) que vous avez rapidement fait réchauf-
fer au micro-ondes, re-picore des fraises au sucre qu'il
mange en même temps que du fromage de chèvre,
déchiquette avec ses doigts une tranche de jambon,
boit quelques gorgées de consommé andalou qu'il avait
oublié, engloutit un deuxième kilo de pâtes fraîches
qu'il arrose de sauce au soja, re-re-picore des fraises au
sucre, grignote un os de poulet qu'il dépose non pas
dans son assiette mais à côté, sur la table, finit les trois
pâtes qui restent ...

... puis se lève, bousculant sa chaise, et fonce regarder la télévision.

Vous laissant desservir et nettoyer les dégâts.

Boulot de nana !

Vous ne râlez pas parce que jamais, absolument
jamais, l'Homme ne vous a reproché de ne pas savoir
cuisiner. Sans sourciller il a avalé des nouilles trop
cuites ou pas assez, du foie de veau cru, du riz collant,
des côtes d'agneau brûlées. Et des plats curieux, tels
que des pot-au-feu sans viande (légère étourderie de
votre part), de la pâtée de salade de pommes de terre,
des bouillies de poisson à la vapeur, etc. Quand la
femme de ménage est en vacances, l'Homme passe,
sans rien dire, chez le traiteur chinois et rapporte de
délicieux plats de poulet aux champignons noirs, des

crevettes au gingembre, du canard laqué, du riz can-
tonnais, des lychees, etc.

Quel Amour, non ? !

Cet Amour a, cependant, de légers défauts.

Il est orgueilleux. N'a jamais avoué une seule fois,
dans votre longue vie commune, qu'il avait « peut-être »
eu tort. Par exemple, le jour où il avait commandé (*sans
vous demander votre avis*) d'affreux volets roulants
modernes pour VOTRE vieille ferme de la Micoulette.
Vous avez protesté. Il a sifflé entre ses dents :

— Si tu n'es pas contente de mes volets, tu descends
de la voiture.

— D'accord.

L'Homme vous a alors abandonnée sur le bord de la
route...

... et n'est pas revenu vous chercher, comme vous
vous y attendiez.

Folle de rage, vous avez regagné Paris dans un
camion de moutons, et vous vous êtes planquée pendant trois jours dans un petit hôtel sans donner de
nouvelles. Sauf à vos filles bien-aimées, naturellement,
en leur faisant jurer le secret. Vous étiez en train de
vous demander si vous n'alliez pas refaire votre vie
dans le 13ᵉ arrondissement avec un charmant monsieur chinois, quand Fille Aînée vous a prévenue :
L'Homme avait refusé de se lever le matin et se plai-
gnait de douleurs au cœur.

Affolée, vous avez sauté dans un taxi et vous êtes
rentrée chez vous...

Où votre époux vous a accueillie avec un sourire
triomphant...

... mais pas un mot d'excuse.

Il est menteur. Cela ne vous déplaît pas, en fait. La
vie commune nécessite un peu de fabulation pour éviter des empoignades — petites ou graves. C'est ainsi
que vous avez passé trente-huit ans avec un Homme
qui ne vous a jamais donné l'impression qu'il vous

trompait, ou qu'il vous avait trompée. Vous l'avez cru malgré les ricanements de vos copines qui prétendent que pas un mâle n'est capable de rester fidèle à sa femme plus de trois ans. Votre tranquillité d'esprit vaut bien quantité de pardons, n'est-ce pas ?

Votre époux ne ment pas vraiment. Il embellit la vérité. Ce qui lui permet de raconter la même anecdote des dizaines de fois, de manières totalement différentes. Agréable pour sa femme. Vous avez vu des épouses craquer dans un dîner au cent vingt-troisième récit identique, et enfoncer leur serviette de table dans la bouche du radoteur pour l'étouffer.

Il est mufle. L'Homme ne vous a jamais dit que vous étiez jolie. D'accord, vous ne l'êtes pas. Mais il vous semble que, là, il pourrait mentir.

Il est coléreux. Au moment où vous vous réjouissez d'aller au lit, l'Homme attaque le sujet brûlant : l'éducation des enfants et des petits-enfants.

Parce que votre cher époux n'a jamais adressé et n'adresse jamais le moindre reproche à ses héritières. Il vous en fait part, majestueusement, à vous, afin que vous transmettiez à qui de droit.

D'une voix napoléonienne, il clame :

— J'aimerais bien que TA fille, Alizée, arrête de se maquiller comme une pute !... et qu'elle cesse de porter des minijupes qui ne cachent même pas ses fesses !

Vous répondez, ensommeillée :

— Pourquoi tu ne le lui dis pas toi-même ?

— C'est toi, la mère !

Vous commencez à vous réveiller et à vous énerver.

— C'est toi, le père ! J'en ai marre de toujours jouer le rôle de Maman Fouettard. D'autant plus qu'Alizée a 25 ans, et que c'est une adulte.

— Tu parles ! Elle a une cervelle grosse comme celle d'une mésange.

— Elle serait peut-être plus mûre si tu t'en étais occupé. Mais jamais tu ne t'es intéressé à l'éducation de tes filles. Tu n'es qu'un égoïste...

— ... qui s'est défoncé au boulot pour vous nourrir toutes ! tonne-t-il.

Or, s'il y a quelque chose que vous ne supportez pas, c'est que votre mari hurle. Cela vous rend hystérique. Vous braillez à votre tour :

— Moi aussi, je travaille ! Et autant que toi !

L'Homme : Arrête de gueuler comme ça ! Tu veux un haut-parleur ?

Vous : C'est toi qui as gueulé le premier. Tu sais que je ne supporte pas. Ça me rend folle !

L'Homme : Folle, tu l'es déjà !

Vous : Si on mettait les rats d'égout en orbite, tu n'aurais pas fini de tourner !

L'Homme : Puisqu'on me traite comme ça dans cette maison, je me tire.

Il sort du lit, enfile sa chemise et son pantalon sans les boutonner, et sort de la chambre sans un mot.

Vous, les bras croisés, le visage figé comme une statue de marbre, vous ne bougez pas.

Vous êtes bien emmerdée.

Au début de votre mariage, votre époux vous jetait, d'un air outragé :

— Je retourne chez ma mère !

Il ne se doutait pas encore de la « confraternité » qui unit les femmes, ni de l'hypocrisie maternelle.

Lilibelle l'accueillait avec force démonstrations de tendresse.

— Mon pauvre chéri, tu as encore des ennuis chez toi ! Tu as bien fait de venir te réfugier chez ta Maman qui t'adore et qui a toujours un lit prêt pour son petit garçon... Ta femme est gentille, certes, mais elle a un tempérament vif.

Une fois le « pauvre chéri » endormi, votre belle-mère (surnommée en douce par vous : « l'ex-puissance colonisatrice ») se jetait sur le téléphone pour vous prévenir.

— Ne vous inquiétez pas : il est chez moi. J'espère que vous n'êtes pas trop malheureuse. Vous savez comment il est !

— Oh oui !

— Ma pauvre petite, c'est un homme. Rien de pire. Et vous ne le changerez pas.

Une nuit, après un affrontement concernant la baignoire qu'il n'avait pas rincée (ce qu'il y a de fascinant dans vos disputes conjugales, c'est la mesquinerie du détail qui déclenche la bagarre), votre cher époux décida d'aller dormir à son bureau. Il se glissa furtivement dans le dos du gardien. Malheureusement il avait oublié les alarmes qui se mirent à hululer, réveillant jusqu'au maire de Paris et Monseigneur Lustiger très mécontent. (Car notre cher cardinal n'a pas toujours bon caractère. Un de vos amis vous a juré l'avoir vu donner des coups de pied furieux dans sa voiture en panne.) Un charivari s'ensuivit, amenant le vigile — Monsieur Fred — armé d'une matraque électrique, et une compagnie de CRS, à s'emparer de votre mari qui se débattit et eut beaucoup de mal à leur faire croire qu'il venait simplement travailler quelques heures supplémentaires.

Maintenant qu'il a sa chambre/bureau dans votre appart', il se contente de s'y rendre en claquant toutes les portes sur son passage. Bing ! Boum ! Vlan ! et en verrouillant la dernière : schlafff !

Abandonnée dans le grand lit conjugal, vous êtes accablée.

Parce qu'il va falloir vous réconcilier. Demander pardon, ce qui vous revient de droit même si vous avez eu raison (Naturellement, que vous avez eu raison !).

La bouderie de l'Homme peut durer d'une journée à un mois. Pendant ce temps, il ne vous adresse pas la parole (vous non plus), dîne souvent dehors (avec qui ?), prend son petit déjeuner au café du coin, passe le week-end chez ses copains (vous les haïssez, sauf ceux qui vous téléphonent en douce : « Chérie, ton mec est à la maison. Il est très malheureux sans toi » — « Tu parles ! Il s'en fout totalement » — « Mais non ! Mais non ! J'ai vu des larmes dans ses yeux ! » Vous n'en croyez pas un mot, mais cela vous est doux à entendre).

Au bout de vingt-neuf jours, vous n'en pouvez plus de chagrin. Vous vous jurez de ne plus jamais faire allusion à une baignoire mal rincée.

Vous essayez la réconciliation par le sexe. D'abord, un petit bisou tendre dans le cou, au milieu de la cuisine. Puis des caresses plus sensuelles. Il vous repousse, furieux.

— Ça va pas, non ?

Vous (ton lamentable) : Et si on arrêtait d'être fâchés ?

L'Homme a alors deux réponses provocantes, au choix :

— Pourquoi ? On est fâchés ? Moi, je me sens parfaitement bien.

ou :

— Moi, je suis très content qu'on soit fâchés !

Et il sort en sifflotant.

Dès que cette saloperie de bonhomme a quitté votre demeure, vous décrochez votre téléphone et vous avertissez vos filles bien-aimées que vous allez divorcer.

Elles éclatent de rire.

— Maman ! Tu nous annonces ça tous les trois mois ! Tu t'es encore disputée avec Papa ?

— C'est lui qui a commencé, pleurnichez-vous comme une gamine.

— Et pourquoi ?

Le pire est que, très souvent, vous avez complètement oublié pourquoi.

Il faut en finir.

Ou vous tuez cet abominable individu..., en empoisonnant sa soupe de tomates à l'arsenic..., en le noyant dans son bain..., en lui plantant le couteau à découper le gigot dans le ventre..., en lui renversant dessus un bidon de cinq litres d'essence et en craquant une allumette, façon bonze fou..., etc.

Ou vous vous suicidez..., en sautant par la fenêtre (Non. On doit regretter amèrement son geste pendant la descente. Épouvante !)... En vous jetant contre un arbre avec votre voiture (Non. Vous risquez de rester vivante mais sans jambes. Le cauchemar à vie !)... En avalant des barbituriques et une bouteille de whisky comme Marilyn (Non. Vous détestez le whisky)...

En plus, l'ordure est capable de ne pas vous regretter.

Vous soupirez. Vous êtes bonne pour écrire un petit mot que vous glisserez sous sa porte, du style :

« *Mon amour, je suis affreusement malheureuse sans toi* (c'est vrai, hélas). *Je t'aime à la folie* (et je te hais à la fois). *Je te demande pardon de t'avoir embêté avec cette histoire de baignoire mal rincée* (vous êtes prête à tous les mensonges et toutes les humiliations pour vous réconcilier avec l'Homme de votre vie). *Reviens !* (ou crève !) *Tu es un monstre mais je ne peux pas me passer de toi* » (voilà votre drame).

Etc.

Vous regrettez de ne pas avoir la force d'âme de cette Anglaise dont vous avez lu l'histoire dans le journal : son mari l'ayant trompée, elle le menaça de divorcer s'il ne se promenait pas dans la rue, devant leur cottage, en portant deux panneaux, tel un homme-sandwich. Sur l'un était écrit : « J'AI TROMPÉ MA FEMME », et sur l'autre : « PARDON, CHÉRIE ».

Votre mari, lui, aimerait mieux divorcer ou disparaître dans la forêt congolaise :

— Je préfère encore les animaux sauvages à ma femme, se plaint-il à Lilibelle, ravie de vous le rapporter.

Dès qu'il a reçu votre lettre expiatoire, l'Homme retrouve le sourire. Il revient le soir, enchanté, avec du caviar et un bouquet de choux violets en signe de réconciliation. Il vous embrasse derrière l'oreille, là où ça vous fait un frisson voluptueux.

C'est la fête.

Au fur et à mesure des années, vous avez appris l'art des concessions. Il y a des phrases que vous ne prononcez plus jamais :

« *Tu n'as même pas remarqué que j'étais allée chez le*

coiffeur » (et qu'il m'a fait des mèches rouges et violettes à la dernière mode).

Votre sultan a des choses plus importantes à regarder que vos cheveux, par exemple Roger Zabel à la télévision, ou les lettres de ses auteurs réclamant des sous qu'il trimballe dans sa serviette (les lettres, pas les auteurs).

« *Tu aurais pu me demander mon avis* ».

Un vrai mâle n'a pas besoin des conseils de sa petite femelle.

« *Je n'ai rien à me reprocher* ».

Une femme a toujours quelque chose à se reprocher. Le proverbe arabe le dit bien : « Bats ta femme tous les jours. Si tu ne sais pas pourquoi, elle, elle le sait. »

« *Tu conduis vraiment comme un pied* ».

L'ensemble des conducteurs français sont des Fangio. Surtout le vôtre qui roule à 40 à l'heure en faisant de grands gestes quand il raconte une histoire, et à 180 au compteur quand il est pressé. Ne jamais crier : « *Attention ! C'est rouge !* » Il freine alors tellement brutalement que la voiture fait un tête-à-queue. Il vous engueule : « Tu es folle de me faire peur comme ça. On a failli avoir un accident. » Ne pas riposter : « On a surtout failli l'avoir avec la voiture qui débouchait de la droite et que tu n'avais pas vue !... » Vous êtes vivante, c'est le principal.

Vous avez aussi appris à :

...**ne rien dire** quand il grogne à voix haute au théâtre : « Quelle pièce de merde ! Et l'actrice, une vieille peau... » alors qu'il s'agit d'une de vos amies qui vous a gentiment invités. Ne pas répliquer : « La vieille peau est plus jeune que toi ! », il passerait la nuit à examiner avec terreur ses trois cheveux blancs dans la glace de la salle de bains.

...**ne rien dire** quand il s'exclame : « Tu n'as pas honte de regarder cette connerie à la télé ? », et qu'il zappe pour s'absorber dans le spectacle débile de onze bonshommes courant derrière un seul ballon.

...**ne rien dire** quand il fouillasse dans les paquets de vos courses et vous demande ironiquement : « Tu fais un élevage de soutiens-gorge ? »

...**ne rien dire** quand il emprunte votre ruineuse crème cellulaire hydratante intensive (huit amino-acides, vitamines E et C, acide lactique, complexe co-enzymatique à base de biotine et d'acide citrique) pour faire briller ses chaussures, sous prétexte que vous avez oublié d'acheter du cirage.

...**ne rien dire** quand il revient bougon du bureau et qu'une heure plus tard, au dîner chez les Durand-Dupont, il est gai comme une fauvette et fait rire tout le monde avec ses plaisanteries.

...**ne rien dire** quand il reste une heure aux W-C, le dimanche matin à lire les journaux. (Vous avez simplement fait installer un deuxième W-C.)

...**ne rien dire** quand, toujours le dimanche matin, alors que vous vous prélassez dans un bon bain chaud moussant, en fredonnant cent fois de suite votre air préféré :

> *Holy Night,*
> *Peaceful Night,*
> *Night of Love*
> *Christmas Night,*
> *la la la,*
> *la la,*
> *la,*
> *la la la...*

il rentre comme un dingue dans la salle de bains en barrissant : « Arrête de miauler ce sacré cantique de Noël ! On est en février, et tu chantes faux. »

C'est vrai.

Là, bêtement, vous perdez votre sang-froid. (Vous avez toujours rêvé d'être la Callas.) Vous jaillissez de la baignoire.

— Fous-moi la paix, pauvre con ! J'ai quand même le droit de chantonner le dimanche, ou dis-moi que je suis en prison !

Le pauvre con ouvre en grand la fenêtre de la salle de bains. Vous vous retrouvez nue, mouillée, et gelée.

— Et ferme cette fenêtre, je vais attraper la crève !

L'Homme (ton gracieux) : Je n'en espère pas tant.

Et il s'en va d'un pied léger au café du coin acheter un billet de loto, et chez l'épicier arabe d'où il vous rapporte une de vos gourmandises préférées : une glace aux marrons.

Pendant ce temps-là vous vous êtes habillée à toute allure, et vous avez couru chez le pâtissier lui prendre un de ses Paris-Brest bien-aimés.

Vous vous retrouvez tous les deux dans l'ascenseur où vous vous embrassez fougueusement. L'Homme commence même à vous déshabiller sous l'œil effaré de votre voisin du dessous qui vous voit passer. Vous l'entendez dire à sa femme :

— A leur âge ... et dans l'ascenseur !... Ils sont fous !

C'est ça qui est bon, mon pote !

TROISIÈME PARTIE

Les êtres humains naissent libres et égaux. Et puis il y en a qui se marient...

Marcel JOUHANDEAU.

Chapitre XI

La fête de Justine

> *Le remariage est le triomphe de l'espérance sur l'expérience.*
>
> Samuel Johnson.

Monsieur Gendre n° 2 parlait peu aux déjeuners du dimanche. « Oui... », « Non... », « Absolument... », « Parfait... », « Merci ».

Pire. Fille Aînée gardait un mutisme obstiné sur ses rapports avec son compagnon — et père d'Attila. Cela vous agaçait un peu, on l'a vu, ayant été habituée, pendant le mariage de Justine avec Monsieur Gendre n° 1, à être mise au courant dans l'heure de leurs disputes homériques, de leurs réconciliations tumultueuses, bref, de tous les détails d'une vie conjugale agitée. Ce qui vous distrayait beaucoup.

Là, silence radio. Vous en avez conclu que Justine et Benoît partageaient un amour zen. (Le bouddhisme est follement à la mode en ce moment.) Un seul détail avait pourtant réussi à percer jusqu'à vous : Monsieur Gendre n° 2 rêvait d'épouser Fille Aînée qui, gardant un mauvais souvenir de son mariage avec Monsieur Gendre n° 1, s'y refusait absolument.

Aussi fûtes-vous stupéfaite quand, au-dessus du gigot, la voix du concubin de la mère de vos petits-enfants (vous me suivez ?) s'éleva tout à coup.

— Et si on se mariait, Justine et moi ?

Toute la famille tourna vers lui des yeux ronds.

Justine faillit s'étouffer avec une pomme de terre sautée.

Monsieur Gendre n° 2 abattit alors son atout maître :

— On ferait une grande fête ! Une fête terrible !...

Au mot de « fête », les enfants se mirent à crier :

— Oh oui ! Une fêêêête ! Une fêêêête terriiiible ! Génial ! On va s'amuser comme des fous !!!

Ils se levèrent et coururent grimper sur leur mère.

— Maman ! Dis oui !... Un grand mariage !... Avec de belles robes... plein de fleurs partout... beaucoup de bonnes choses à manger... de la musique rock...

— Non. Pas rock. Classique, dit l'Homme fermement.

Et il ajouta, avec un de ses sourires charmeurs qui ravageaient le cœur de ses auteurs :

— Moi, je ne dirais pas non...

Justine vous jeta un regard éperdu.

— J'hésite.

— Marie-toi d'abord, tu hésiteras ensuite, plaisanta son père.

— Tu sais, ma chérie, murmurez-vous d'un ton solennel que vous avez de plus en plus tendance à prendre (hélas !) avec l'âge, ce qui lie un couple, ce n'est pas un passage administratif dans une mairie, mais les enfants. En plus, si cela fait tellement plaisir à Benoît...

— Bon, d'accord, on se marie ! cria Fille Aînée gaiement. Mais à une condition : je ne m'occupe de rien. Je n'ai pas le temps !

Vous comprenez immédiatement : c'est vous qui allez vous taper tout le boulot.

La première discussion éclata au sujet de l'endroit où la cérémonie aurait lieu. Le Père de la Future Mariée (l'Homme) proposait la Micoulette. La Mère du Futur Marié (et prochaine belle-mère de Justine) en tenait ferme pour sa maison dans la Creuse. (Prévenue par son fils, dès l'après-midi du dimanche, de la grande nouvelle, elle débarqua le lundi matin avec cinq valises, et l'intention affirmée de se mêler de tout et de vous casser les pieds.)

— Non. Je ne me marierai pas à la campagne, glapit Justine, la semaine suivante. On organise une grande fête avec toutes mes copines et copains. Ils ne viendront jamais dans le fin fond de la Creuse ou du Lot !

Future Belle-Maman pinça les lèvres. Elle connaissait pourtant depuis huit ans le caractère rebelle de votre héritière.

Mariage à Paris voté à l'unanimité moins une voix (laquelle ?). Mais ni votre appartement, ni celui de Fille Aînée, ne contiendrait les trois cents invités prévus. Vous demandez conseil à la Ligue des Gonzesses. Réponse : mariage en petit comité à la mairie le samedi matin. Fête splendide dans un château loué pour le reste de la journée aux environs de Paris. Pas de cérémonie religieuse : Justine était divorcée. Future Belle-Maman pince à nouveau les lèvres à ce rappel impie. Les enfants récriminent : ils comptaient remonter l'église à la tête d'un troupeau de demoiselles et de garçons d'honneur ! Pour les calmer, vous leur promettez : à Émilie une robe à la Scarlett O'Hara ; à Attila un costume de page dont il rêve (après avoir vu quarante-deux fois au théâtre et au cinéma *Cyrano de Bergerac*, votre œuvre préférée).

Vous commencez à visiter des châteaux autour de Paris. Trop grand. Trop petit. Trop cher. Des W-C pas très propres (vous êtes impitoyable question toilettes). Au dixième, la comtesse de P. vous reçoit fort aimablement et sa demeure historique vous plaît. Elle vous assure qu'elle a une grande habitude de ce genre de réceptions grâce auxquelles elle entretient ses toitures et sa famille. Elle vous propose :

— A 13 heures (après la mairie), un buffet campagnard dans le parc. A moins que vous ne préfériez le *Buffet Champêtre Rose* : saumon rose, tarte aux pêches roses, sorbets à la fraise, champagne rosé.

— A 18 heures : cocktail en musique.

— 21 heures : dîner assis dans le grand salon Louis-XV, suivi d'un bal pour les jeunes et les moins jeunes.

— A minuit, si vous le désirez (et le payez...) un feu

d'artifice avec plumeau d'argent, gerbe d'or, bouquet d'étoiles, etc.

Le soir, vous consultez l'Homme. Il s'en fout. « C'est cher », soupirez-vous. « Bah ! répond-il en s'étirant, de temps en temps il faut faire des folies, sinon la vie serait morne... » « Bon, alors, je fonce ? » « Ce que tu décideras sera parfait. Comme d'habitude. » (Imprudemment, vous ne lui faites pas signer cette phrase historique.)

Le dimanche d'après, Justine qui, fidèle à son engagement, ne s'occupe de rien mais suit avec passion vos démarches, demande :

— Pour le bal, il y a un orchestre, ou une sono avec un DJ ?

— Un quoi ?

— Un disc-jockey, voyons ! s'exclame Alizée, qui ne s'habitue pas à votre méconnaissance du monde moderne.

Vous avouez que vous n'en savez rien.

— Je préférerais un orchestre, chantonne l'Homme.

— Moi aussi, approuve Monsieur Gendre n° 2.

— Un DJ c'est plus branché ! tranche Petite Chérie.

— Oui, c'est vrai, réapprouve Monsieur Gendre n° 2 (il est si heureux qu'il dit oui à tout et à n'importe quoi).

— Qui c'est qui se marie ? crie Justine. MOI. Alors à moi de décider.

— Bon ! dites-vous avec une patience de séraphin qui vous épate vous-même, tu préfères quoi ?

— Je ne sais pas !

Là, vous sentez que votre patience va s'envoler avec votre ange gardien, et qu'un diable velu noir va le remplacer. Heureusement, la voix de Lilibelle, pour une fois timide, s'élève :

— Pourrais-je inviter mes vieilles amies ? Enfin, celles qui ne sont pas mortes.

— Et moi quelques-uns de mes anciens officiers ? demande Grand-Papa Jules.

— Mais bien sûr ! répondez-vous gaiement. Du reste

j'ai pris une décision : nous n'allons pas fêter un mariage, mais donner une *grande lessive*.

— Une QUOI ? s'écrie votre tribu.

— *Une lessive. Une grande lessive.* C'est la comtesse de P. qui m'a appris cela. Dans le beau monde, paraît-il, faire une *grande lessive*, c'est donner une réception où l'on convie tous les gens à qui l'on doit une invitation. Ou chez qui l'on désire être prié. Alors, invitez ! Invitez ! Je ne donnerai certainement pas une deuxième *lessive* dans ma vie.

Quelle imprudence de votre part ! Tous les membres de votre petite famille lessivèrent avec ardeur. En un rien de temps, vous vous trouvez à la tête de 1 000 personnes : 200 amies intimes de Fille Aînée (« Chérie, as-tu *vraiment* 200 amies « intimes » ?) ; tous les dentistes de Paris, amis de Monsieur Gendre n° 2 ; les Beaux-Arts en entier (Petite Chérie y tenait ferme) ; les copains de l'Homme depuis le service militaire, plus tous ses auteurs ; l'Association des Paroissiennes de Sainte-Blandine, présidée par Lilibelle ainsi que tous les membres de son club de bridge ; la moitié des officiers de la *Jeanne d'Arc* ; vos copines (Ah ! quand même !...), et les familles (que vous avez failli oublier).

Quand vous téléphonez les bonnes nouvelles à la comtesse de P., elle vous annonce tristement qu'elle est obligée de vous décommander, vous et vos mille invités. Les très vieilles canalisations de son antique demeure ont éclaté, et les réparations prendront au moins trois mois. Vous êtes catastrophée. Pas question de donner votre fête au milieu d'ouvriers affairés dans des salons inondés, floc-floc, à moins de prévoir une noce en maillot de bain. Ce qui ne plaît à aucune femme ayant dépassé la taille 40, c'est-à-dire la majorité. Devant votre désarroi, la comtesse de P. vous signale qu'elle a une cousine, la baronne de S., qui organise, elle aussi, de très belles réceptions, identiques aux siennes, pour ravaler ses écuries (où elle compte installer un salon de thé), et que vous pouvez y aller de sa part en toute confiance.

La demeure également historique de la baronne de S. est, elle aussi, magnifique et comporte deux immenses ailes encadrant un corps de bâtiment Louis XVI. Dans une des ailes, il y a déjà un autre mariage, mais « le parc est si grand que vous ne vous gênerez pas mutuellement » jure votre aristocratique hôtesse.

Vous donnez immédiatement votre accord (malgré le prix). Vous commencez à être nerveuse : le mariage est dans un mois.

Une petite tragédie éclate. Les enfants sont effondrés d'apprendre que leur mère ne portera pas une classique robe de satin blanc avec traîne, plus sur la tête un immense voile en tulle blanc retenu par une couronne de fleurs d'oranger (blanches). Ils protestent violemment. Une mariée pas en blanc, ce n'est pas une vraie mariée !

— J'ai 37 ans, et trois enfants ! rétorque Fille Aînée avec indignation. Je ne vais pas me balader déguisée en jeune vierge. J'ai choisi dans ma boutique un tailleur en soie rouge avec une jupe longue fendue haut sur les cuisses.

— Ravissant ! s'exclame Monsieur Gendre n° 2, toujours sur son petit nuage rose.

— Vous porterez quand même une jarretière bleue ? interroge Future Belle-Maman d'une voix frémissante d'angoisse. Chez nous, c'est une tradition qui porte bonheur.

Vous écrasez le pied de Justine au moment où elle allait dire quelque chose du style : « Compte là-dessus, vieille pie ! »

— Bien sûr, chère Madame. Et pour saluer l'arrivée des mariés, les deux orchestres joueront *La Marche nuptiale* de Mendelssohn, annoncez-vous joyeusement.

— C'est d'un ringard ! brame Fille Aînée.

— Je m'en fous que ce soit ringard ! explosez-vous. J'adore *La Marche nuptiale* de Mendelssohn. Elle me fait pleurer. Si tu t'opposes à ma *Marche nuptiale* de Mendelssohn, j'arrête immédiatement de m'occuper de ton mariage.

Justine pâlit.

— OK !... OK pour ta *Marche nuptiale* ! Mais on est bien d'accord pour l'arrivée en Roll's noire couverte de fleurs et de rubans blancs ?

— C'est déjà prévu.

— ... et puis-je demander à ma mère (c'est vous) de ne pas porter un de ses éternels et affreux caleçons démodés, et à ma sœur (c'est Petite Chérie) d'éviter ses horribles jupes gitanes à volants.

Vous approuvez.

— Tu as raison. Je serai enroulée dans un boubou africain.

— Et moi, rigole Petite Chérie, dans un rideau de douche transparent sur mes seins nus. C'est tellement « tendance », cette année !

Future Belle-Maman et Futur Beau-Papa, peu habitués à vos plaisanteries familiales du dimanche, ouvrent des yeux effarés. Futur Beau-Papa en bave même un peu. Vous rassurez les malheureux. Vous avez commandé dans une élégante boutique un ensemble rose pâle en crêpe de Chine, et Petite Chérie (témoin de la mariée) une robe très convenable ... par-devant ! Par-derrière, le dos est nu jusqu'au milieu des fesses comme Mireille Darc dans un de ses films les plus célèbres.

— Porterez-vous une capeline ? s'enquiert Future Belle-Mère, qui vous semble très préoccupée question vestimentaire.

— Je m'y oppose, dit l'Homme. Avec un chapeau, ma femme a l'air d'une dinde.

— Pas du tout ! glapissez-vous, vexée, le Stetson blanc me va très bien.

— Tu ne comptes pas assister au mariage de ta fille aînée déguisée en cow-girl de l'Ouest américain ?

— Et si je mettais une voilette avec un gros nœud de velours ? rêvez-vous.

— Mais, ma pauvre Maman, c'est démodé depuis 1930 !

— Je porterai moi-même une voilette, remarque sèchement Madame Future Belle-Mère (toujours lèvres pincées), avec un ravissant colibri piqué sur une toque de velours.

— Ça va être superbe ! vous exclamez-vous très fort en jetant à la ronde des regards menaçants sur votre insolente petite famille prête à pouffer de rire.

Vous enchaînez rapidement :

— Qu'est-ce qu'on écrit sur les faire-part ?

Aussitôt tout le monde se met à brailler à la fois. Chacun veut y figurer en bonne place, y compris Monsieur Futur Beau-Père qui se targue de ses Palmes Académiques. Vous lui rabattez le caquet avec votre Mérite Agricole (Plus chic, non ?).

L'ennui, c'est que personne n'a le même nom, et que Benoît se refuse à être représenté comme le beau-père de Matthias et Émilie. « Je suis leur père de cœur », dit-il tendrement. Après avoir usé deux feutres et une rame de papier, vous votez à l'unanimité (moins la voix de Monsieur Futur Beau-Père furieux de voir ses Palmes Académiques passées à l'as) pour le texte suivant :

MATTHIAS, ÉMILIE et ATTILA
sont heureux de vous faire part, enfin,
du mariage de leurs parents
JUSTINE et BENOÎT

et de vous inviter à une grande fête très gaie
le...

etc.

Les derniers jours précédant le mariage passent à une vitesse démente. Vous vivez dans un tourbillon. Vous n'avez même plus le temps de dormir. Et lorsque vous réussissez à plonger dans le sommeil, c'est pour être réveillée par Fille Aînée et sa voix angoissée :

— Tu as pensé au cinéaste ?

— Quel cinéaste ? marmonnez-vous, endormie.

— Pour faire le film de la fête.

— J'ai déjà retenu deux photographes.

— C'est complètement ringard les photographies.

Benoît et moi, on veut un reportage vidéo de notre mariage et de la réception, qu'on montrera à nos petits-enfants, le soir, à la veillée.

— Je m'en occupe demain, mais, pour l'amour de Dieu, laisse-moi dormir. Et arrête de dire : « C'est ringard » ou j'assiste à ton mariage vêtue d'un sac poubelle troué. C'est ça qui sera « tip-top » !

On vous signale que Tante Brigitte est brouillée avec Cousine Berthe pour une sombre histoire de chat qui date de dix ans, et qu'il ne faut pas les asseoir à la même table au dîner. Idem avec l'Oncle Georges qui ne partage pas les idées politiques de son frère Philippe. Ces deux-là risquent de se casser mutuellement leurs flûtes à champagne sur leurs crânes chauves.

Des appels angoissés vous parviennent de tous côtés : comment se rendre sans voiture au château de S., et surtout en revenir, en pleine nuit ? La Ligue des Gonzesses vous conseille de louer un autobus de la Ligne 6. Petite Chérie vous fait remarquer que les véhicules de la RATP sont parfois d'une propreté douteuse, et qu'on trouve plein de chewing-gums collés sous les sièges. La baronne vous fait louer un mini-car qui fera l'aller et le retour toutes les demi-heures (Très cher ! Très, très cher !).

Vous avez un allié, dans votre tourbillon éperdu : Monsieur Gendre n° 2. Vous passez en douce à son cabinet de dentiste avec votre liste, et vous pointez ensemble les corvées éventuellement oubliées.

Les bans ?... Les bans ont-ils été publiés à la mairie ? Oui. Du coup, un courrier de ministre s'est abattu sur Fille Aînée. Sa boîte à lettres est pleine de publicités de robes de mariée en location et de smokings blancs pour messieurs. De faire-part rose bonbon. D'alliances payables en trois fois. De lingerie coquine pour « nuit de noce inoubliable »... De journées « Beauté », soit sept heures de soins à faire l'avant-veille du mariage à l'institut *Le Grand Jour*... D'une offre de Monsieur Mamadou, voyant extralucide, magnétiseur, qui vous dira (un peu tard) si vous avez choisi la bonne personne... De leçons de Kevin et Pamela qui vous apprendront à danser la valse en une heure, pour ouvrir le bal... D'une proposition de Madame Rita de vous établir l'horoscope de la cérémonie, etc.

Le notaire pour le contrat de mariage ? C'est fait, soupire Monsieur Gendre n° 2 qui a eu un mal fou à traîner Justine chez un copain qui les a reçus, cheveux hirsutes, pieds nus et sans cravate, et a marmonné un contrat (Monsieur Gendre n° 2 ne se rappelle plus lequel), coupé par quarante coups de fil.

Les alliances ? Votre fille a choisi le classique trois anneaux aux trois ors. Les parents de Benoît lui ont offert une bague de famille (un gros saphir) qu'elle a commencé par refuser : les pierres précieuses véritables, c'est d'un démodé ! Finalement, elle a accepté. On ne sait jamais ce qui peut arriver, dans la vie, et un bijou — en cas de guerre — ça peut s'échanger contre un poulet pour les enfants affamés. Il faut penser à tout.

Les faire-part ? Envoyés. Sauf au meilleur ami de Monsieur Gendre n° 2, un écolo fanatique que Justine ne veut pas inviter. Elle prétend qu'il va embêter tous les convives pour qu'ils signent une pétition en faveur des abeilles de Sibérie qui ont froid, ou des pucerons des rosiers, esclaves des fourmis. (« *Défilons tous pour les Droits des Pucerons des Rosiers !* »). Sans compter qu'il beuglera quand on jettera du riz sur les mariés : « Vous n'avez pas honte !... Alors qu'il y a des Somaliens qui crèvent de faim ! »

Fille Aînée a lu dans un de ses chers magazines féminins qu'il existait maintenant aux USA des éleveurs de papillons qui envoyaient, quelques jours avant le mariage, des chrysalides empaquetées dans de petites boîtes, qui éclosaient (les chrysalides, pas les boîtes) le jour de la fête, et s'envolaient dans un nuage blanc autour des mariés quand les invités ouvraient les paquets. Justine adorerait... « NON ! », coupez-vous :

« Il y a déjà mille invités. Je n'ai pas le temps de me débattre aussi avec mille papillons américains ! »

Le témoin de Monsieur Gendre n° 2 a-t-il été convié dans les formes ? Oui. Parfait. Vous le connaissez bien. C'est votre dentiste.

Quand Fille Aînée s'est mise à concubiner avec son Benoît, bien que celui-ci soit un excellent praticien et qu'il ne fasse pas payer la famille (un amour, ce type !), vous avez refusé de vous faire soigner vos quenottes par lui. Vous aviez trop peur qu'il révèle à vos petits-enfants que vous étiez très douillette des chicots, et qu'il vous arrivait même de pousser des cris de suppliciée à la moindre carie, qui faisaient dresser les cheveux sur la tête des patients dans la salle d'attente.

Le compagnon de votre fille a parfaitement compris la situation. Il vous a adressée à son copain, Yves. Un garçon charmant, très doux, et qui était toujours libre pour vous à 15 heures 30, votre heure préférée pour les rendez-vous avec le monde médical. Hélas, à 15 heures 45 exactement, alors que vous étiez la gueule grande ouverte, une espèce d'immense hameçon piquant (dit : « pompe à salive ») accroché dans le bas de votre bouche, le téléphone sonnait dans la poche de votre bourreau qui s'arrêtait net, la fraise en l'air.

— Excusez-moi trente secondes ... mais surtout ne fermez pas la bouche !

Et vous voilà, le museau béant comme celui d'une carpe farcie, écoutant des fadaises du style :

— Tu vas bien, mon petit chou ? ... Tu as déjeuné avec ta sœur ? ... Ah, vous avez été acheter du tissu pour les rideaux au marché Saint-Pierre ? ... Jolis ? ... Formidable !

Et bla-bla-bla...

Vous vous agitez dans votre fauteuil. Le crochet vous transperce la gencive. Le dentiste finit par raccrocher et vous fait un bon sourire :

— C'était ma femme, révèle-t-il fièrement.

Vous vous doutiez que ce n'était pas le ministre de la Santé.

Un jour, vous n'avez pu vous empêcher de demander venimeusement :

— Pourquoi votre femme vous téléphone-t-elle toujours à 15 heures 45 pile ?

— Tiens ! fait le copain de votre Gendre n° 2, je n'avais pas remarqué que c'était systématiquement à la même heure... Elle est très jalouse, et si je ne l'appelle pas une ou deux fois dans la journée, elle me fait une scène le soir. Mais moi, avec toutes mes patientes qui crient à la moindre carie, je préfère que ce soit elle qui me téléphone quand elle veut.

— Vous êtes un adorable mari ! vous exclamez-vous avec un sourire pointu. Ce n'est pas le mien qui accepterait de me parler en plein rendez-vous...

Votre dentiste n'a pas écouté. Il reste soucieux, toujours la fraise en l'air.

— Vous croyez qu'elle me trompe ?

— Seigneur Dieu, non ! vous écriez-vous avec ardeur (pas question de flanquer le désordre dans le ménage de votre dentiste, il serait capable de vous arracher vos grosses molaires au prochain rendez-vous). Je pense au contraire qu'elle est très amoureuse de vous.

Le copain de votre Gendre n° 2 prend un air extasié, et vous dit affectueusement :

— Je vais vous faire une piqûre d'anesthésiant pour que vous ne souffriez pas pendant que je soigne votre canine droite.

Vous avez très envie de connaître l'épouse de ce charmant garçon, et lui demander, de femme à femme, de changer son horaire d'appel.

Les cadeaux commencèrent à pleuvoir et le facteur fit comprendre que des étrennes supplémentaires seraient les bienvenues. Fille Aînée avait refusé de confier une liste de mariage aux Galeries Farfouillettes : « J'ai pas le temps ! », ou dans une galerie de tableaux (dernière mode) : « J'ai pas le temps, et je déteste l'abstrait ! » Elle déclina également d'ouvrir les paquets : « J'ai pas le temps, je vais mélanger les cartes de visite et je remercierai de travers ! »

A sa grande joie, Lilibelle fut chargée de réceptionner et de ranger des choses aussi diverses que des pinces à sucre (vous étiez persuadée que cela n'existait plus, le sucre étant remplacé par des comprimés de saccharine), des verres provençaux pour le pastis (ni Justine ni Benoît ne buvait de pastis), des dizaines de cendriers en faux marbre (ni Justine ni Benoît ne fumait), trente-deux présentoirs pour amandes salées, des poissons rouges (ni Justine ni Benoît ni les enfants ne voulaient s'en occuper : ils les refilèrent à leur concierge), des coupes en faux cristal, des peignoirs éponges brodés aux initiales du fabricant (et non des mariés), une vieille poissonnière en cuivre (?), une table roulante qui ne roulait pas, quantité de petits plateaux (qui, hélas, ne s'empilaient pas les uns sur les autres), une théière anglaise avec un cactus en guise de couvercle, des livres de cuisine (de la part des copines de Fille Aînée, hilares), quelques paires d'immenses charentaises (de la part des copains de Benoît, hilares), un immense fouet de cirque ... sans carte...

Lilibelle fit part de sa perplexité à toute la tribu. Qui avait eu l'extravagante idée d'envoyer ce knout à Benoît ?

— Chassez-vous à courre ? demanda-t-elle sévèrement au destinataire, ou avez-vous un copain dompteur de fauves chez Bouglione ?

— J'ai bien un oncle fou, répondit Monsieur Gendre n° 2, les sourcils froncés, mais c'est un malade des hamsters. Il en élève des centaines, et je ne vois pas le rapport avec le fouet.

— Ne cherchez pas ! rigola Justine. C'est sûrement une plaisanterie de Raoul.

— Quel Raoul ? interrogea Lilibelle à qui l'âge faisait perdre un peu la mémoire.

— Mon premier mari ... Pour signifier à Benoît de me fouetter si je ne suis pas une bonne épouse.

Seul l'Homme rit.

— J'aurais bien aimé recevoir ça à mon mariage, pour corriger ma femme ! dit-il en vous regardant.

— Je te rappelle que j'ai accepté d'interrompre mes leçons de karaté si tu me jurais sur la tête de ta mère de ne jamais lever la main sur moi.

— Je n'étais pas au courant, dit Lilibelle, sinon, ma chère petite, je vous aurais conseillé de continuer le karaté. Les hommes sont de telles brutes !... En tout cas, excusez-moi de vous le dire, Benoît, mais les cadeaux qui viennent de notre côté sont beaucoup plus beaux que ceux du vôtre.

— Cela ne m'étonne pas, murmura Monsieur Gendre n° 2 avec humilité, on est un peu radin dans ma famille.

Une semaine avant le Grand Jour, Fille Aînée décida d'annuler le mariage.

Vous la trouvez hors d'elle dans sa boutique.

— Tu ne sais pas ce que les parents de mon mec ont encore inventé ?

— De réclamer une dot pour toi à ton père ?

— Pire ! De mettre sur la pièce montée un couple de petits mariés en porcelaine venant de leur propre mariage... Complètement kitsch ! Toutes mes copines vont se foutre de ma gueule.

— Bah ! ce n'est pas si grave... Il y a je ne sais combien d'immenses gâteaux. On mettra les petits mariés en porcelaine sur celui prévu pour leur table.

— Et tu ne sais pas le comble ? Benoît est de l'avis de sa maman... « J'aime assez... », a-t-il chuchoté. Nul ! Complètement nul !

— Écoute... si cela fait plaisir à ton bonhomme de faire plaisir à sa maman...

— Pas question ! Je ne veux pas devenir la belle-fille d'une emmerdeuse. Elle m'a foutu la paix pendant huit ans, et, brusquement, sous prétexte que je passe devant le maire, la voilà qui se mêle de tout. Je te le répète, je ne me marie plus ! J'étais très heureuse avant comme concubine.

Vous explosez.

— Justine ! Voilà trois mois que je me crève pour préparer la grande fête du siècle sans que tu m'aies dit une seule fois « Merci ». Tu n'es qu'une sale gosse pourrie/gâtée par d'adorables parents : ton père et moi ! Tu as voulu un superbe mariage digne d'une princesse. Tu vas l'avoir. Mais tu vas foutre sans discuter cette saloperie de couple en porcelaine sur un de ces putains de gâteaux qui coûtent une fortune à ton père !... Sinon, je te laisse toute seule en plan avec ton château, tes Roll's, ton feu d'artifice, ton Buffet Champêtre Rose, ton dîner deux étoiles, ton autobus, tes 1 000 invités, et tout le bordel, à décommander... Sans oublier tes cadeaux à renvoyer. Et moi, je me tire à l'île Maurice pendant un mois pour me reposer.

Et vous tournez les talons.

Fille Aînée vous rattrape dans la rue.

— Maman ! Ma Maman ! Je t'en supplie ! Ne m'abandonne pas !... Pardon !... On mettra des mariés en porcelaine partout où tu voudras...

— OK. Et j'aimerais aussi un petit « merci », et un bisou.

— Merci, ma Maman adorée !

Vous vous embrassez tendrement sur le trottoir.

Le temps de voir une cliente s'enfuir avec un chemisier qu'elle a enfilé dans la boutique de Justine.

— Voleuse ! hurle Fille Aînée.

Vous courez toutes les deux derrière la kidnappeuse. Vous la rattrapez. Justine lui arrache son chemisier. La ravisseuse se retrouve en soutien-gorge.

— Rendez-moi mon vieux tee-shirt ! pleurniche-t-elle. Je ne peux pas prendre le métro à moitié nue.

— Si ! rugit Fille Aînée, ce sera votre punition. La prochaine fois, vous y regarderez à deux fois avant de piquer dans mon magasin.

La créature se sauve, les mains sur les seins.

Justine vous ré-embrasse en riant.

— Quelle vie on mène !

Le Grand Jour est arrivé.

Fille Aînée est sublime dans son ensemble de soie rouge, la jupe fendue jusqu'à la hanche. Ses longs cheveux dorés, coiffés par Monsieur Pascal — qui s'est levé à l'aube et vous l'a répété dix fois —, sont couronnés de roses blanches. Elle tient à la main, avec une timidité de jeune fille, un bouquet rond également de roses blanches. En la regardant vous avez le cœur qui bat d'admiration et d'émotion. Cette splendide créature est une de vos filles adorées.

Votre héritière a l'air très émue également, ce qui est assez rare chez elle.

Petite Chérie va traîner une fois de plus, tous les cœurs mâles derrière son dos et ses fesses à moitié nues. L'Homme, Monsieur Gendre n° 2 et Matthias portent des jacquettes et des pantalons gris loués pour la circonstance au *Cor de Chasse*. Vous avez offert à votre époux, à cette occasion, un gilet en soie jaune pâle du plus charmant effet. Si vous ne l'étiez pas déjà, vous retomberiez folle amoureuse de lui. Émilie et Salomé sautillent de bonheur dans leurs robes style Scarlett O'Hara. Attila et son meilleur copain Manolo, le fils de la concierge portugaise de l'immeuble d'à côté, n'osent pas respirer dans les costumes de pages promis style Cyrano de Bergerac.

Lilibelle a sorti tous ses bijoux. Elle scintille comme une vitrine de joaillier, et vous vous reprochez de ne pas avoir pensé à lui louer un garde du corps. Trop tard. Quant à Grand-Papa Jules, il est magnifique dans sa tenue blanche d'amiral, avec toutes ses décorations étalées sur sa poitrine.

Seul Melchior boude dans son coin, bien que vous ayez orné son cou d'un ruban de satin blanc avec un gros nœud.

— Alors, moi je ne suis pas invité à la Fête ? Je reste tout seul à m'ennuyer à la maison ?

— Je te rapporterai de grosses crevettes du Buffet Rose, lui promettez-vous.

Exceptionnellement, cela ne lui suffit pas. Il pousse un miaulement déchirant qui vous fend le cœur. Une idée vous vient.

— Écoute, je vais te cacher dans notre voiture, et tu regarderas la réception par la vitre. Mais tu n'essaieras pas de te sauver ?

— Promis juré sur la tête de mon père : le Grand Matou Roux du kiosque à journaux.

BIP-BIP... BIP-BIP... BIP-BIP...
Tout le monde dégaine son portable, y compris la mariée qui a caché le sien dans une pochette brochée argent.
L'appel est pour le marié.
— As-tu pensé à envoyer une voiture à ta marraine, la vieille Tante Zita ? piaule la voix aiguë de Madame Future Belle-Mère.
— Heu ... non, bégaie son fils.
— C'est malin ! Tu sais pourtant qu'elle doit te laisser sa fortune en héritage ! Sinon, tout ira à l'Institut Pasteur...
— Cela m'est sorti de la tête. On peut peut-être lui envoyer un taxi ?
— Non. Plutôt une des Roll's prévues pour nous, ordonne Madame Mère. On prendra notre voiture.
— OK.
— Dites à votre mère que nous partons à la mairie, intervenez-vous.

Avant de prendre la tête de votre troupeau, vous arrachez son portable à Fille Aînée.
— Tu ne vas quand même pas bavarder au téléphone avec tes copines pendant ton mariage ! grondez-vous. Du reste, elles seront toutes là.
— Mais si la mairie ou le château brûle ?
— Nous sommes assurés contre n'importe quoi, répondez-vous sèchement.
— Ta mère a raison, dit Benoît.
(Bravo ! Ce sera un très bon Gendre n° 2 !)
— Je t'aime, lui roucoule Justine. Je suis à toi... mais mon téléphone est à moi.
Vous criez, le bras tendu comme Bonaparte au pont d'Arcole :
— En avant !

A la mairie, trois mariages attendaient déjà le maire (un tous les quarts d'heure).

Quand arrive votre tour, Monsieur Gendre n° 2 se penche vers l'Homme et vous, et gémit :

— Mes parents ne sont pas là... Je ne peux pas me marier sans eux, ils en mourraient...

— Ça ne fait rien ! dites-vous étourdiment. Enfin, je veux dire que cela n'est pas grave de les attendre encore un peu.

Vous patientez le temps de deux autres mariages. La situation devient dramatique. Les enfants sautent sur leurs chaises. Grand-papa Jules ronfle comme un sonneur. L'Homme agite son pied, signe de grand énervement. Que faire ? Annuler la cérémonie ?... Vous sentez que ni Fille Aînée ni surtout vous n'aurez le courage de recommencer pareil tintouin. D'un autre côté, avoir sur la conscience la mort de deux habitants de la Creuse (avec enterrement et tout)..., embêtant.

Un *pin-pon pin-pon* de voiture de police se fait entendre au loin, se rapproche, s'arrête devant la mairie. Monsieur Gendre n° 2 qui guettait sur le trottoir, apparaît en hurlant :

— C'est eux !... Dans un fourgon de flics !

Vous vous regardez tous avec inquiétude. Vont-ils assister au mariage de leur fils avec des menottes ? Le maire les laissera-t-il entrer dans sa Salle des Mariages ?

Les voilà qui surgissent, hors d'haleine, entourés de policiers débonnaires. Il était temps ! Le maire manifestait des signes d'impatience. Il précipite la cérémonie et murmure à toute vitesse entre ses dents les articles 213, 214, 215 du Code civil. Il doit avoir faim. Vous aussi.

La dernière signature donnée (Petite Chérie, très fière d'être témoin de sa sœur, barbouille un immense et illisible paraphe), on se précipite sur les « prisonniers ».

Que s'est-il passé ?

Dans son émotion de marier enfin son fils unique, Monsieur Futur Beau-Père avait claqué la portière de sa voiture, laissant les clefs à l'intérieur (il existait bien un double, mais dans la Creuse).

Madame Future Belle-Mère, dans sa robe longue de soie grise et avec son colibri sur la tête, se mit à trépigner de rage sur le trottoir.

— Espèce d'idiot ! On va rater le mariage de notre fils !

— T'énerve pas, Mimine. Tâche d'attraper un taxi...

Hélas, aucun taxi ne voulut s'arrêter malgré les gestes affolés de Mimine. (Rien de plus énervant que l'air dédaigneux d'un chauffeur qui passe, la tête droite, sans un signe de regret.)

Monsieur Futur Beau-Père enleva alors une de ses chaussures et se mit à taper de toutes ses forces sur la vitre de la portière gauche. Mais elle résista (le constructeur avait prévu le coup).

Passa alors un fourgon de gardiens de la paix. Qui restèrent interloqués à la vue d'un individu en jacquette, chapeau haut de forme et chaussettes, en train d'essayer de fracturer une voiture, tandis qu'à côté de lui, assise sur le trottoir, une grosse dame en robe longue avec un colibri de travers sur la tête sanglotait à fendre l'âme.

Les flics freinèrent et s'enquirent de la situation.

Émus par le désespoir de ces braves citoyens de la Creuse, ils les firent monter à l'arrière de leur fourgon où se trouvait déjà un petit voleur à l'arraché de sacs de vieilles dames, qui sortait du Palais de justice pour la prison, et emmenèrent tout le monde à la mairie du 17ᵉ...

... où vous les invitez au mariage, voleur compris.

La Fête fut un immense succès.

C'est du moins ce que vous croyez comprendre à travers les félicitations de toutes parts qui parviennent à percer le brouillard de fatigue dans lequel vous naviguez, et le bruit effrayant du babil des invités, bruit qui augmente d'intensité au fur et à mesure que les bouteilles de champagne se vident.

Vous ne vous rappelez que quelques moments.

D'abord l'arrivée de la première Roll's noire, rubans blancs au vent. Les invités se précipitent en criant « Vive les Mariés ! » et en jetant des poignées de riz ... non pas sur Justine et Benoît (deuxième Roll's noire), mais sur Tante Zita, la fameuse marraine, qui sortit ravie de la voiture avec une fausse tiare russe sur la tête et une cape de renard blanc (en plein mois de juin). Elle chevrota : « Merci... Merci... », et son dentier se décrocha. Pendant ce temps-là, le dentiste écolo (finalement invité) ramassait comme prévu les grains de riz à quatre pattes dans la poussière en criant : « Aidez la Somalie ! »

(Malgré ce léger incident, il était clair que l'héritage n'échapperait pas à Benoît. Tant pis pour l'Institut Pasteur.)

Vous aviez oublié de prendre un petit sac en plastique pour embarquer les grosses crevettes roses pour Melchior. Vous fouillez partout, y compris dans les magnifiques cuisines voûtées en sous-sol du vieux château. Vous ne trouvez rien. Énervée, vous les entassez dans votre pochette de soirée en satin noir. Vous les apportez jusqu'à la voiture où Melchior, le museau écrasé contre la vitre de la portière, surveille passionnément la Fête. « J'ai plein de choses inouïes à raconter », vous dit-il, la queue dressée et hérissée d'excitation. « Demain, mon chéri ! » Et vous repartez en courant. Vous vous heurtez dans l'Homme. Il renifle et vous regarde avec surprise.

— C'est toi qui pues le poisson ?

Vous n'aviez pas pensé que l'odeur des crevettes pouvait être si violente et si tenace.

Toute la soirée, vous êtes poursuivie par les regards étonnés des invités, malgré les tonnes de *Diorissimo*, votre parfum bien-aimé au muguet, avec lequel vous vous vaporisez. Vous devez avouer que le mélange des deux odeurs est parfaitement écœurant.

Des phrases volent autour de vous.
Une vieille tante à Madame Belle-Mère :

— Je n'ai pas aimé le ton insolent avec lequel ta bru a dit « Oui » au maire. Tu vas avoir des problèmes avec elle.

Une énorme dame au maître d'hôtel :

— Si je vous réclame trois fois du gâteau, répondez-moi : « Non, ma grosse ! »

Une copine de Fille Aînée à une autre :

— Je suis déçue. J'aurais pensé que Justine aurait voulu un mariage plus original. Par exemple, en costume de plongeur sous-marin ou en tenue de motard.

— C'est sa mère qui s'est occupée de tout.

— Ah, d'accord !... Les vieux sont toujours follement conventionnels.

Last but not least. Vous êtes dans le parc, au Buffet Champêtre Rose, en train de grignoter de petits toasts au saumon fumé avec votre chère cousine Isaure, quand vous vous trouvez subitement toutes les deux entourées d'une foule de messieurs et dames japonais en kimono.

— Tiens, c'est amusant ! remarque-t-elle calmement. D'où sortent-ils, ceux-là ? C'est ton mari qui a invité ses auteurs d'Extrême-Orient ?

Vous restez comme deux ronds de flan.

Décidément, vous êtes poursuivie par les descendants des samouraïs.

Puis vous poussez un cri. Il doit s'agir de la deuxième noce dont la baronne de S. vous avait parlé incidemment. Vous croyez savoir que c'est le grand chic au pays du Soleil-Levant de se marier à Paris, et de passer son voyage de noces en Europe.

Et ces sauterelles jaunes sont en train de dévorer votre Buffet Champêtre Rose.

Vous partez en courant à la recherche de votre hôtesse, et lui expliquez le drame. En ajoutant mesquinement qu'en aucun cas l'Homme ne paiera la nourriture dévalisée par les pillards asiatiques.

La baronne de S. démarre à son tour au galop sur la trace de la traductrice. Quand elle la retrouve — en train de flirter avec le chauffeur du car derrière un buisson de seringas — il est trop tard. Votre Buffet a été razzié par la noce venue de Tokyo.

— Une seule solution, dit résolument votre hôtesse, allez vous servir au buffet japonais, à côté du bassin aux angelots (pisseurs).

Vous faites passer le mot. C'est au tour de vos invités de se ruer sur les *sushis*, les travers de porc au miel, les *nems* (votre passion), les beignets de *tempuras*, etc. pour le plus grand amusement des Tokyoïstes qui, en poussant de petits rires aigus, (Hi ! Hi ! Hi !), vous tendent de minuscules bols de saké de la main gauche et vous photographient de la main droite.

Finalement les deux mariages se mélangent si bien que les flashes n'arrêtent pas d'éclater. Fille Aînée et Monsieur Gendre n° 2 ont un succès fou. Tout l'Extrême-Orient veut se faire tirer le portrait avec eux.

— Si je me faisais payer, je gagnerais une fortune ! vous crie joyeusement votre fille

— Tu n'as pas honte ! Pense d'abord à l'honneur de la France et de notre famille !

Lilibelle et ses diamants, et Grand-Papa Jules avec ses décorations, soupent joyeusement avec un couple de Japonais qui parle français, et à qui le contre-amiral raconte ses campagnes.

Les flics et leur petit voleur (enchaîné, par précaution) viennent vous remercier (« Votre champagne rosé, hein, formidable ! », « Et votre vin rouge, du velours !... »). Le jeune truand se penche vers vous :

— C'est peut-être pas une façon de remercier, mais je vous préviens quand même : tous les bijoux de la vieille (il montre Lilibelle) sont faux.

— Bah, tant pis ! dites-vous gaiement (le saké commence à vous faire de l'effet). Je me fous des bijoux !

Mais vous ne le révélerez jamais à Lilibelle ni à l'Homme.

Tante Zita, la tiare russe de travers, le dentier bien en place, hoche la tête en écoutant un poète d'Osaka qui lui déclame des *haïkus*. Belle-Mère surveille la scène avec inquiétude.

Le feu d'artifice déclenche des « Oh ! » et des « Ah ! » d'admiration, et un tonnerre d'applaudissements sino-français.

— Où sont les enfants ? vous demande quelqu'un.
— Je n'en sais rien, et je m'en fous ! répondez-vous, hilare. Je ne suis plus de service.
Vous avez eu tort de boire un tel mélange de champagne rosé, de vin rouge et de saké. Vous êtes paf.

Le bal commence. Tout le monde se précipite pour danser.
Après quelques slows que vous passez voluptueuse-ment dans les bras de l'Homme-de-votre-vie, celui-ci obtient un grand succès en réclamant une polka piquée au galop effréné. Hop ! Hop ! Hop ! Vous faites un tabac tous les deux. Les Japonais veulent vous porter en triomphe. Ce qui vous réjouit le plus, c'est d'en-tendre la copine de Fille Aînée lui chuchoter :
— Eh bien, dis donc, finalement, tes vieux, ils se défendent encore pas mal !

Quant à Petite Chérie, vous croyez comprendre qu'une bataille rangée éclate entre ses amoureux pari-siens et de jeunes samouraïs fous de désir d'enlacer étroitement une petite Française au dos et aux fesses à moitié nus.

A 7 heures du matin vous réussissez à chasser le der-nier invité (les Japonais ont disparu dans leurs cars). Il ne reste que les membres de votre tribu et les parents de Monsieur Gendre n° 2. Tous affalés dans des fau-teuils en rotin autour d'une tasse de café et d'un crois-sant offerts gentiment par la baronne de S. qui est par-tie se coucher en boitant (à force de courir d'un mariage l'autre, elle a attrapé d'énormes ampoules aux pieds). Vous êtes morte de fatigue. Vous avez une pensée pour le comédien Mickey Rooney qui s'est marié huit fois (8 FOIS), ainsi que l'actrice Lana Turner. Quelle santé !

— Et maintenant, où on va ? interroge Fille Aînée.

— Comment ça « Où on va » ? demandez-vous en bâillant.

— Ben ... notre voyage de noces...

— Quel voyage de noces ?

— T'as pas prévu de voyage de noces de huit jours pour nous ?

— Non. J'ai pensé que c'était votre problème.

Justine devient verte.

— Voilà deux mois que nous nous demandons, Benoît et moi, avec excitation, où tu as choisi de nous envoyer.

Le désappointement le plus amer se lit sur le visage des jeunes mariés.

Vous êtes catastrophée.

Un si beau mariage — à rendre jalouse une star d'Hollywood — se terminant par une telle déception !

— J'ai une idée, dit l'Homme à sa fille aînée. On passe chez vous prendre un sac de voyage avec deux maillots de bains et deux paréos, et on vous conduit à Roissy prendre le premier avion qui part pour une mer chaude. Ce sera une surprise !

— Wouhahou !... crie Justine. Génial ! Mon Papa, tu es génial !...

Et elle saute comme une gamine sur les genoux de son père qu'elle couvre de baisers.

— On y va ! commande le contre-amiral qui se croit visiblement en haut de sa passerelle (toujours le saké).

— C'est que... dit l'Homme, d'un air embêté, je n'ai plus beaucoup de sous pour l'hôtel... Cette fête était somptueuse, et...

— Permettez, bredouille Monsieur Beau-Père. Permettez ! Je crois que c'est à mon tour de prendre le relais. J'offre l'hôtel aux jeunes mariés !

Il a un sourire béat. Il est visiblement, lui aussi, bourré de champagne rosé, de vin rouge et de saké. Ce qui n'est pas le cas de Madame Belle-Mère qui a toujours le colibri de travers mais les idées claires. Vous la voyez distinctement donner un coup de pied dans la cheville de son mari.

— Merci, Papa ! beugle joyeusement Monsieur Gendre n° 2.

— Ben ... et nous ? glapit Attila.

— Qui ça « nous » ?

— Les enfants. Vous allez pas nous laisser tout seuls ?

— Mamie et Papie vont vous prendre à la maison, annoncez-vous tendrement. Sauf Matthias qui est assez grand, à 18 ans, pour se débrouiller tout seul.

— Mais on préfère aller en voyage de noces avec Papa et Maman ! pleurniche Attila, accroché comme un singe au cou de son père. Papa, emmène-nous !...

— Et si on les emmenait ? demande Benoît d'un air suppliant à Justine.

— Moi je veux bien, mais cela va coûter très cher à ton père.

— Cela ne fait rien ! Quitte à faire des folies, autant les faire jusqu'au bout ! bredouille à nouveau Monsieur Beau-Père.

Pan ! Il reçoit un deuxième coup de pied dans le tibia, de Madame Belle-Mère.

— Toi, Mimine, tu m'emmerdes ! dit-il à sa femme. Tu n'as jamais eu la moindre fantaisie.

La dame reste la bouche ouverte devant cet acte de rébellion. Le colibri aussi.

Vous vous hâtez de détourner la conversation. Vous vous levez (en tanguant un peu).

— Allez, youpee ! On passe prendre les bagages en vitesse et en route pour Roissy et l'aventure.

— Et l'école ? remarque faiblement « Mimine ».

— Je leur ferai un mot d'excuse, dit Beau-Papa, en tant que grand-père et médecin, et j'inventerai un nouveau virus ... qui bronze la peau !

Les agents d'Air France furent stupéfaits de voir apparaître de bon matin des clients aussi étrangement vêtus, depuis une mariée en soie rouge avec une couronne de roses blanches coquinement sur l'oreille, jusqu'à un petit page en satin bleu, une flûte à la main. Ils furent encore plus surpris d'apprendre qu'il s'agissait d'un voyage de noces avec enfants. Destination inconnue.

Les fées veillaient sur vos jeunes mariés. Un avion s'envolait une heure plus tard pour le Kenya. Le rêve. Tout le monde s'embrassa. Mise au courant, la direction d'Air France offrit le transport en première classe (champagne et caviar à volonté) au prix de l'économique. La fête continuait.

Au moment de s'embarquer, Fille Aînée vous jeta son bouquet et cria :

— Merci, ma Maman ! Merci, mon Papa !

— Merci... Merci... fit l'écho.

Enlacée avec l'Homme, vous regardez l'avion décoller. Vous chuchotez :

— Je suis si contente que je n'arrive pas à pleurer.

— Moi si ! fit l'Homme. Je suis ruiné !

Épilogue

Vous êtes allongée dans votre chaise longue sur la terrasse de la Micoulette. L'Homme aussi, à côté de vous. Melchior, enroulé sur votre estomac, vous surveille, les yeux mi-clos. Les trois bergères allemandes dorment en rang, étalées par terre. La lumière d'automne est douce et bleutée. Les vignes commencent à dorer. Dans les bois, les érables rustiques et les merisiers rougissent. Le soleil va bientôt se coucher derrière les collines. Pas un bruit sinon les pépiements des oiseaux agités par la préparation de leur nuit.

Tout à coup, l'Homme dit :

— A quoi tu penses ?

Vous le regardez avec stupéfaction. Cette question n'est pas son genre, comme dirait Proust. Vous vous inquiétez :

— Tu es malade ?

Il est surpris à son tour :

— Non. Pourquoi ?... Enfin, je ne crois pas.

(Votre époux n'est jamais contre l'idée d'être attaqué par quelque choléra.)

— C'est la première fois de notre vie commune que tu me demandes cela.

Il rit.

— Je vieillis, ma pauvre Titine.

— En fait, je pensais à notre anniversaire de mariage.

— Drôle d'idée. Pour quelle raison ?

— C'est aujourd'hui.

— Ah, merde ! J'ai oublié une fois de plus !

— 37 fois de plus !

— Tu veux dire qu'aujourd'hui, cela fait trente-huit ans que nous nous sommes mariés ?

— Oui, Monsieur.

— Oh ! là ! là ! que le temps passe vite !

— Tu aurais pu ajouter : « avec toi »... cela m'aurait fait drôlement plaisir !

— Tu sais bien que je suis incapable de débiter ce type de mièvreries que les femmes adorent et que je trouve nunuches.

— Ça oui ! Je le sais depuis trente-huit ans. Tu ne m'as jamais déclaré une seule fois : « Je t'aime » !

— Écoute, si je suis resté avec toi pendant plus d'un tiers de siècle, tu dois bien penser que je tiens à toi.

— Souvent, je me dis que c'est par habitude. Ou parce que je suis une créature tellement agréable à vivre que tu n'en as jamais trouvé une autre aussi exquise.

— Ta modestie m'enchante.

— Remarque : on a bien failli divorcer une fois.

— C'était de ta faute !

— Alors, ça, quel culot !... C'est TOI qui...

L'Homme se penche et pose son index en travers de vos lèvres.

— Rappelle-toi ! On a juré tous les deux qu'on n'en parlerait plus jamais.

— C'est vrai. Pardon.

Car il y a un drame terrible entre votre mari et vous. Un fossé infranchissable. Un sujet gros de disputes violentes avec cris, insultes, et même (honte !) bris de vaisselle.

Vous ne partagez pas les mêmes opinions politiques.

Et ça, votre Grand Macho ne le supporte pas.

Une épouse doit, selon ses principes, penser et voter comme lui, le Chef de Famille. Votre résistance de vieille féministe acharnée le met hors de ses gonds. Les périodes électorales ont été, chez vous, pendant des années, des moments de crises insoupçonnées du monde politique. Vous vous traitiez mutuellement de socialiste en peau de lapin, d'immonde fasciste d'extrême droite, d'ordure crypto-communiste, d'ignoble aristo-bourgeoise (ça, c'est vous), de trotskyste de lavabo, de cobra intello-lubrique, etc.

Jusqu'au jour où, n'obtenant pas que vous votiez pour SON candidat à la présidence de la République, l'Homme a menacé de vous tuer. Vous vous êtes enfuie chez une de vos sœurs.

L'Homme a demandé le divorce.

Émotion à son comble dans la famille.

Vos deux filles, effondrées, à force d'allées et venues entre leur père et leur mère, de sanglots, de supplications, ont obtenu votre réconciliation (vous commenciez à en avoir marre de dormir sur le divan de votre sœur), et votre serment sur leurs têtes juvéniles que vous ne parleriez plus jamais politique entre vous.

Vous avez tenu votre promesse.

Non sans mal.

Finis les commentaires à deux, dignes du Café du Commerce, en regardant les Infos à la télévision. « Untel est un connard », « Machin est un pourri », « Truc est un âne ».

Finies les gloses pointues des éditoriaux de vos journaux respectifs (chacun était abonné à celui de son camp).

Finis les votes au même bureau. Désormais, l'Homme mit son bulletin dans l'urne à Paris, et vous à Moustoussou.

Mais la paix est revenue dans votre couple. Enfin, presque : votre vie conjugale est remplie de sujets de discussion qui animent votre existence et vous empêchent de vous ennuyer ensemble. Et vous croyez fermement que l'ennui est l'ennemi de l'amour. Une petite dispute agitée vaut mieux qu'un grand silence mortel.

L'Homme s'étire et bâille.

— Tu veux quoi comme cadeau-d'anniversaire-pour-38-ans-de-mariage ?

La perspective d'un cadeau vous plaît toujours. Vous souriez tendrement à votre Seigneur et Sultan.

— Ce que tu choisiras.

— Je crois que Monsieur Louis rêve d'une petite pelleteuse pour la Micoulette.

Un « Non ! » brutal vous échappe.

— Pardon ! Mais j'en ai un peu marre des cadeaux agricoles.

— Alors, pas de remorque à quatre roues pour les vendanges ?

— Non et non !

— Quoi, alors ?

Vous réfléchissez. De quoi avez-vous le plus envie ? Vous trouvez. Vous souriez :

— Quelque chose qui va te coûter beaucoup !

— Oh, oh ! Un gros diamant ?

— J'en ai déjà deux très beaux dans mon coffre à la banque.

— Hein ! D'où viennent-ils ?

— De l'héritage de ma mère. Mais comme je sais que tu n'aimes pas les femmes à bijoux, je ne les porte pas. Ils seront pour les filles.

— Bon. Mais j'aime la fourrure. La vraie. Une zibeline ?

— C'est ça ! Pour être assaillie dans la rue par les amies de Madame Bardot à coups de tomates et d'œufs pourris...

— Quoi, alors ?

— Deux petits mots : « Je t'aime »...

Silence. Puis l'Homme sourit :

— Quelle bourrique tu es ! Quand tu veux quelque chose, toi, tu ne lâches jamais !

Il se lève d'un bond, jette par terre les coussins de sa chaise longue qu'il vous désigne du doigt.

— Couche-toi là !

— Qu'est-ce que tu vas faire ? demandez-vous avec

un peu d'inquiétude (avec votre époux, vous ne savez jamais ce qu'il peut inventer).

— Ce que tu adores d'habitude.

— D'accord, mais à une seule condition : tu diras : « Je t'aime ».

— C'est d'accord ! On est seuls dans la maison ?

— Complètement.

L'Homme arrache ses vêtements, les vôtres, se tourne vers le soleil qui se couche derrière les bois des Coustals et, de toute la force de ses poumons, hurle :

JE T'AIME !!!

JE T'AIMEEEE.....

EEE....., répond l'écho des collines.

Les chasseurs de sangliers qui patrouillent dans les chênes de la crête du Soula se regardent, ébahis.

— Macarel ! Qu'est-ce qui gueule comme ça ? dit le vieux Pierre de la ferme de la Guinette Basse.

Il regarde dans la lunette de sa grosse carabine en direction de la Micoulette.

— C'est les Parisiens, annonce-t-il à ses copains. Ben, dites donc ! Ils s'emmerdent pas, sur leur terrasse...

Le geai dans le vieux hêtre demande à Melchior :

— Ils font quoi, tes maîtres ?

— L'amour. Ou ils se disputent, ou ils font l'amour. Il paraît que ce sont des « amants terribles », répond Petit Chat avec fierté.

L'Homme (dans votre oreille) :

— Pauvre conne ! Bien sûr que je t'aime ! Pour l'éternité...

Un immense bonheur vous envahit. Cela valait le coup d'attendre trente-huit ans. Non ?

Table

IMPRIMÉ EN FRANCE PAR BRODARD ET TAUPIN
6703V – La Flèche (Sarthe), le 09-03-1999
Dépôt légal : mars 1999

POCKET – 12, avenue d'Italie - 75627 Paris cedex 13
Tél. : 01.44.16.05.00